MÉMOIRES

SUR LA VIE DE M. JEAN LEVASSEUR

MAYEUR DE LA VILLE DE LILLE

MÉMOIRES

VIE DE M. JEAN LEVASSEUR

MAYEUR DE LA VILLE DE LILLE

AU XVIIᵉ SIÈCLE

ET SUR LA FONDATION

DE LA CHARTREUSE DE LA BOUTILLERIE

PAR DOM MICHEL CUVELIER

RELIGIEUX DE LA DITE CHARTREUSE.

LILLE

L. LEFORT, IMPRIMEUR-LIBRAIRE.

1854

INTRODUCTION

Les *Mémoires* que nous offrons au public présentent pour la ville de Lille un intérêt réel, puisqu'ils rappellent l'histoire d'un magistrat intègre, dix fois revêtu de la première dignité municipale, et qu'ils retracent le souvenir d'une fondation religieuse, remarquable à bien des égards.

Le nom de M. Levasseur se rattache à un fait mémorable et pieux de l'histoire locale ; ce fut lui qui, en 1634, se trouvant placé à la tête du Magistrat, consacra la ville de Lille à la sainte Vierge, invoquée sous le vocable de Notre-Dame de la Treille ; et la Providence a permis que les révolutions ramenassent le cercueil du vénérable mayeur dans le cimetière de Sainte-Catherine, près du sanctuaire où devait être placée, quelques années plus tard, l'image de la sainte patronne de la cité.

Le bon religieux, annaliste du cloître, et auteur de ces *Mémoires*, s'est étendu sur tous les détails avec une complaisance naïve; sa reconnaissance est parfois diffuse, et croyant s'adresser aux générations futures des enfants de saint Bruno, il n'a pas craint de fatiguer les lecteurs; il énumère volontiers les bienfaits reçus, il signale avec joie les vertus du bienfaiteur. Ce livre n'était pas destiné à voir le jour; les révolutions l'ont dérobé aux archives du monastère, et l'ont remis entre nos mains: ce n'est pas une œuvre de littérature, c'est un feuillet des archives de notre pays, que nous voulons conserver à la postérité comme un monument précieux de la foi et de la libéralité de nos pères, comme un souvenir intéressant pour la ville de Lille et pour les familles qui sont alliées à celle du généreux Levasseur.

———◦❀◦——·—··—

MÉMOIRES

SUR LA VIE DE M. JEAN LEVASSEUR

MAYEUR DE LA VILLE DE LILLE

ET SUR LA FONDATION

DE LA CHARTREUSE DE LA BOUTILLERIE DE FLEURBAIX

———❀❀❀———

Jean *Levasseur*, fondateur de la chartreuse de Notre-Dame des Douleurs ou de la Compassion de la sainte Vierge, au hameau de la Boutillerie, chatellenie de Lille et paroisse de Fleurbaix, un des quatre villages qui font le petit pays de Lallœu, est né à Lille et a été baptisé dans l'église paroissiale de Saint-Etienne vers la fin de l'an 1570 ou au commencement de 1571.

Il a eu pour père Jean *Levasseur*, bourgeois et rentier de la dite ville de Lille. Lequel Jean *Levasseur*, avoit épousé en premières noces Jeanne *Delyot*, fille de Hubert et de Marie *Baillet*, laquelle étant décédée sans

1

enfans, il prit en secondes noces Marie *de Fourmestraux*, fille de Jacques et de Marguerite *Dubosquiel*, de laquelle il a eu quatre enfans, sçavoir : Jean notre fondateur avec trois filles, Marguerite, Marie et Antoinette *Levasseur*.

Marguerite a épousé Jacques *de Lannoy*, d'où est descendu Jean-Baptiste, chevalier, seigneur *Despretz*, *Sallomé*, etc. Marie a été mariée à Antoine *de Thieffries*, escuyer, dont le fils unique, nommé aussi Antoine, est mort sans laisser d'enfans, quelque tems après qu'il avoit acheté la terre et seigneurie de la Boutillerie du comte de Barlaymont, en l'année 1612.

Antoinette a épousé maitre Martin *Du Rivage*, licencié es loix, et ont eu ensemble un fils nommé Antoine, qui est mort prestre vers la trentième année de son âge, et une fille nommée Marie, qui a épousé Allard *Caron*, argentier de la ville de Lille, qui eurent ensemble six filles et un fils unique appelé Wallerand, qui, après avoir consommé tout son bien, s'est retiré en cette chartreuse, et y a demeuré depuis le mois de septembre 1670 jusqu'au jour de sa mort, qui fut le 29 mars 1700 ; il y est enterré en notre cimetière auprès de la croix.

Pour revenir à Jean *Levasseur*, notre illustre et magnifique fondateur, il commença dès son bas âge à donner des indices et des apparences extérieures que Dieu l'avoit doué d'un bon naturel et lui avoit donné une bonne ame ; de sorte qu'il pouvoit dire ces paroles du livre de la Sapience, non point en se présumant ou glorifiant de quelque chose, mais en louant et remerciant l'Auteur de toutes les graces [1] : « J'étois

[1] Puer eram ingeniosus et sortitus sum animam bonam. SAP. VIII 19.

» un enfant bien né, et j'avois reçu de Dieu une bonne
» *ame.* » Car il étoit comme naturellement porté au
bien et à la vertu; il étoit si sage, si modeste, si
retenu en ses discours et en ses actions, que l'on
disoit de lui de même que du bon Tobie : qu'il n'avoit
jamais été jeune [1], d'autant qu'il n'avoit jamais commis ni aimé les puérilités et légèretés, auxquelles la
jeunesse est ordinairement inclinée et sujette.

Après qu'il eut achevé les études que l'on appelle
humanités, en la ville de Lille, il fut envoyé par ses
tuteurs, ayant alors perdu son père et sa mère, dans
l'Université de Douay pour y étudier la philosophie.
Ce fut là qu'il fit voir qu'il étoit un bon et fidèle ménager de l'argent qu'on lui donnoit pour ses usages
et nécessités, puisque non seulement il ne faisoit aucune
dépense inutile ou superflue, mais qu'encore il rendoit
un compte très exact de tout jusqu'aux moindres choses
qu'il étoit obligé d'acheter, au grand contentement et
même au grand étonnement de MM. ses parens et
tuteurs.

Ayant fait son cours de philosophie, il s'adonna avec
beaucoup d'application à la recherche de la jurispru-
dence, et Dieu qui dispose de toutes choses avec douceur [2], et qui sçait et connoit parfaitement toutes les
choses bien longtems auparavant qu'elles arrivent [3],
prévoyant que M. *Levasseur* devoit un jour lui fonder
une chartreuse, et le destinant pour une œuvre si grande,
permit et disposa qu'étudiant en droit il demeurât chez

[1] Cumque esset junior.... nihil tamen puerile gessit in opere. TOB. I. 4
[2] Disponit omnia suaviter. SAP. VIII. 1.
[3] Nosti omnia ante quam fiant. DAN. XIII. 12.

un célèbre docteur nommé *Ferrarius*, où il apprit
quel étoit l'institut des chartreux, et où insensiblement
il a commencé à l'aimer; car, comme il se comportoit
toujours très sérieusement, évitant les déréglemens et
les débauches de ses commensaux, et que parmi les
grandes licences et libertés que prenoient plusieurs
jeunes gens de mêmes volées et de mêmes études, il
conservoit une grande piété et une grande intégrité de
mœurs, demeurant comme le saint homme Tobie ferme
et inébranlable dans la crainte du Seigneur [1]; cela cau-
soit que ledit docteur *Ferrarius* lui portoit beaucoup
d'affection, qu'il se plaisoit à s'entretenir familièrement
avec lui, jusqu'à lui faire part de ses sentimens intérieurs
de dévotion et à lui communiquer les secrets mouvemens de son cœur, et entre autres choses il lui décou-
vrit l'inclination toute particulière qu'il avoit pour les
chartreux, lui en parlant souvent et relevant beaucoup
leur antiquité, leurs austérités, leur parfait éloignement
du monde, leur attachement au silence et à la solitude,
toute la vie enfin que menoient les religieux solitaires;
ce qui fit une telle impression dans le cœur du jeune
juriste, que depuis ce tems là il se sentit toujours
poussé à les aimer et estimer, quoique pour lors il
n'eût jamais vu personne de cet ordre, et qu'il n'eut
aucune connoissance de ce qui s'y faisoit et pratiquoit
que par ce que lui en disoit M. Ferrarius chez qui
il demeuroit.

Ensuite des études de droit, qu'il soutint dans l'Université de Douay avec applaudissement, il reçut, le
4 de mai 1593, le degré de licence *in utroque jure*,

[1] Immobilis permansit in timore Dei. Tob. ii. 14.

et, le 3 de juin suivant, il fit sa profession de foi selon la forme et constitution du pape Pie IV en date du 13 novembre 1594.

Le 18 octobre 1594, il a épousé damoiselle Antoinette Delyot, fille de Guillaume, et d'Antoinette Duhot, avec laquelle ayant vescu près de dix-huit ans dans une étroite amitié et une parfaite union conjugale, elle est décédée sans enfans, le 28 d'aoust 1612. Elle avoit deux sœurs, dont l'ainée, appelée Marie Delyot, a épousé M. Jean Drayon, et de ce mariage sont venus les MM. *Drayon*, seigneurs de la grande Flamengrie, Mons en Barœul, etc., desquels M. Levasseur a été tuteur après la mort de la dite Marie Delyot leur mère; et la seconde, nommée Jeanne, a été mariée à André de Fourmestraux, depuis chevalier, seigneur Deswaziers, Vertbois, etc.

Après le trépas de son épouse, M. *Levasseur* prit la résolution de passer le reste de ses jours dans le célibat et de donner entièrement et uniquement à Dieu toutes les affections de son cœur.

C'est pourquoi, considérant qu'il n'y avoit point de chartreuse auprès de la ville de Lille ni dans l'étendue de sa chatellenie, il pensa aussitôt aux moyens d'y en bastir une; mais néanmoins ce dessein lui paroissant trop grand et au dessus de ses forces, il prioit Dieu avec beaucoup d'instances et de persévérance, pour qu'il daignât lui faire connoître sa sainte volonté, et quel usage il devoit faire des biens qu'il lui avoit donnés.

C'est une opinion fort commune, et l'on dit comme par tradition dans la ville de Lille, qu'il a eu envie

de fonder un collége de chanoines dans l'église de
Saint-Etienne, sa paroisse; mais que quelques difficultés, survenues avec MM. du magistrat pour la col-
lation des prébendes, l'ont fait changer de volonté.

Je n'oserois point dire que cela ne soit point véritable, puisque plusieurs personnes honorables le disent;
mais je n'oserois point aussi tout-à-fait l'assurer, puisque
lorsqu'il exposa au révérend père et au chapitre général sa résolution qu'il avoit prise de bâtir et doter
une nouvelle chartreuse, par la lettre que je rapporterai
ci dessous, il semble qu'il n'a jamais eu aucune autre
inclination que pour une chartreuse et qu'elle lui duroit
depuis longtems. Il est croyable que s'il a pensé de
faire quelque autre fondation, ce n'a été que parce
qu'il jugeoit que l'entreprise d'une nouvelle chartreuse
étoit trop grande pour lui; or, comme la fondation
d'un collége de chanoines n'est pas moindre que celle
d'une maison de chartreux, il semble que l'on peut
justement inférer qu'il n'a jamais eu le dessein de
fonder des canonicats. Ceci se confirme par les foibles
raisons qu'on apporte, et que l'on dit estre la cause
pourquoi, changeant de volonté, il s'est arresté de fonder des chartreux à la Boutillerie, au lieu des chanoines
à Saint-Etienne; car aucuns disent que ç'a été parce
qu'il vouloit que MM. ses parens et héritiers auroient
été collateurs des bénéfices, et que MM. de ville prétendaient pour eux mêmes. D'autres ont dit que ç'a
été à cause qu'il désiroit mettre ses armes au principal
endroit du chœur de Saint-Etienne et que MM. du magistrat vouloient que les armes de la ville y fussent. Mais
comme M. Levasseur étoit grandement humble et fort

éloigné de cette folle démangeaison qui règne si étran-
gement de mettre des armes partout et même dans
les places et choses les plus saintes, comme nous
verrons dans la suite, et qu'ayant dans toutes ses
actions une vraie pureté d'intention, ainsi qu'il l'a
témoigné manifestement en bien des rencontres, il
semble que l'on peut juger et croire assurément qu'il
n'auroit point laissé de poursuivre et d'achever une
œuvre qu'il eut désir de commencer et d'entreprendre
pour la gloire de Dieu, par des raisons si humaines,
telles que celles qu'on lui assigne.

Quoiqu'il en soit, tandis que peut-être il travailloit
encore, et que plusieurs fondations pieuses se présen-
tant à son esprit, il étoit dans l'irrésolution de celle
qu'il entreprendroit, ou pour mieux dire de celle que
Dieu, qu'il consultoit incessamment par ses prières,
demandoit qu'il entreprît, M. Cuvillon [1], de la ville de
Lille, son ami intime, l'invita d'assister à la vesture
de son fils qui étoit reçu à la chartreuse de mont
Saint-André auprès de Tournay. Il ne fallut pas faire
de grandes instances pour qu'il condescendît à cette
prière; car ayant depuis longtems une grande affection pour les chartreux et un grand désir de voir une
maison chartreuse, il profita avec joie de cette bonne
occasion qui se présentoit d'aller à celle de Tournay.
Aussitôt qu'il y fut arrivé, ce fut de voir le cloître,
la forme et la manière qu'il étoit construit; ce fut
de considérer les cellules et habitations des religieux
et façons de vivre; ce fut d'assister à tous les offices

---

[1] Un P. Cuvillon, de Lille, religieux de la Compagnie de Jésus,
assistoit au Concile de Trente en qualité de théologien du roi de Bavière.

du jour et de la nuit, et regarder les cérémonies; ce fut enfin de remarquer mûrement et s'informer soigneusement de toutes choses avec un singulier contentement.

Pendant quoi, il se sentit confirmé dans la pensée qu'il avoit depuis tant de tems consçue de bastir une chartreuse au voisinage de Lille, laquelle il pourroit fréquenter, laquelle il espéroit devoir apporter du bonheur à sa chère patrie, laquelle enfin il croyoit que Dieu demandoit et attendoit de lui. Et quoique d'ailleurs, étant très prudent et très sage, il appréhendât d'estre peu suffisant pour un si grand dessein, et que par ainsi il se trouva encore agité de divers mouvemens de crainte et de désirs, il ne laissa néanmoins pas, devant sortir de la chartreuse pour retourner à Lille, de se découvrir naïvement au vénérable père prieur, qui estoit alors Dom Leclerc, natif de Tournay et profès de la grande chartreuse, qui depuis a été fait prieur de la chartreuse de Bruxelles et visiteur de la province.

Il n'a pas été bien difficile au dit vénérable père prieur d'encourager et de fortifier M. Levasseur dans sa pensée de fonder une chartreuse; car encore bien qu'aussitôt après s'être déclaré il fît paroître quelques craintes, il lui avouât même ingénûment son impuissance pour une telle entreprise; néanmoins il lui fit aussi connoître qu'il ne pouvoit presque plus douter que cette inspiration, ainsi continuée et persévérante depuis si longtems, ne vînt de Dieu, qu'il avoit instamment et très souvent réclamé pour ce sujet, et que partant il mettoit toute sa confiance en sa divine

bonté et puissance, à qui rien n'étoit impossible, et
qu'enfin il espéroit fortement que Dieu lui ayant donné
cette volonté, il lui donneroit aussi les biens nécessaires pour effectuer et accomplir, promettant de les
employer fidèlement sans y rien épargner, et ruminant
souvent les passages de l'Ecriture sainte, qui excitent
à s'appuyer sur les secours du Ciel, comme sont :
*Quis speravit in Domino et derelictus est ab eo? Beatus
vir qui confidit in Domino et erit Dominus fiducia ejus.
Jacta super Dominum curam tuam, et ipse te enutriet,*
et plusieurs autres semblables dont les livres saints
sont remplis. Son espérance n'a pas été vaine, et Dieu,
qui lui avoit inspiré ce dessein n'a pas manqué de
lui fournir des moyens pour le mettre en exécution.
Car M. de Thieffries, son neveu et fils unique de sa
sœur Marie, comme il est dit ci-dessus, mourut cette
même année; lequel, pour la bonne affection qu'il
portoit à sa dite mère et pour d'autres bonnes raisons
à lui connues, l'ayant fait et déclaré quelque tems
auparavant héritière de tous ses biens fiefs, tant de
ceux qui lui étoient eschus par le trépas de son père
que de ceux qu'il avoit acquis depuis, et la dite mère
venant à mourir quelque tems après lui, M. Levasseur,
son frère unique, hérita la terre et seigneurie de la
Boutillerie, le fief de Larquérie, à Prémesque, et plusieurs autres parties assez considérables, qu'il destina
aussitôt pour la fondation et dotation de la chartreuse
qu'il avoit projetée en son cœur, ne pouvant assez
louer et admirer la divine Providence, de ce qu'après
l'avoir puissamment initié et poussé à entreprendre
cet ouvrage elle lui suscitoit cet expédient et lui admi-

nistroit les facultés pour le commencer et achever, selon
qu'il espéroit de sa pure bonté et miséricorde.

Il estoit dans une grosse assemblée, où MM. les
parens et plusieurs autres personnes notables se trouvoient, lorsque on lui vint dire que M. de Thieffries,
son neveu, estoit ou mort ou prest à mourir, et que
icelle sa mère, qu'il avoit faite son héritière, étant
aussi à la dernière extrémité, c'estoit une hoirie très
considérable qui lui tomboit ou qui lui estoit tombée
sur la teste. Et comme quelqu'un de la compagnie le
congratuloit de cette succession, et particulièrement de
la terre de la Boutillerie, qui est d'un assez bon revenu
et qui a toujours esté possédée par des personnes d'une
grande qualité de la maison de Luxembourg et puis
de celle de Beaufort et de Barlaymont, il lui répondit
en peu de mots : *C'est Dieu qui me l'a donnée, je la
rendrai à Dieu.* Personne des assistans n'a compris ce
qu'il vouloit signifier par ces paroles, jusqu'à ce qu'on
a sçu qu'il vouloit bâtir une maison où Dieu seroit
honoré, en y bâtissant une chartreuse, où ceux qui
l'habiteroient employeroient une bonne partie du jour
et de la nuit à chanter ses divines louanges.

On loue et on admire avec juste raison la patience
et la parfaite résignation à la volonté de Dieu du saint
homme Job, qui voyant que tous ses grands biens
estoient perdus, ses amples possessions enlevées par
ses ennemis, et que du plus riche et du plus puissant
des pays orientaux, il estoit devenu en peu de temps
le plus pauvre et le plus indigent, « ne pécha point
» par les lèvres et ne proféra rien contre Dieu qui fût
» indiscret ou qui témoignât de l'impatience ; mais il

» dit avec une véritable soumission : Le Seigneur
» m'avoit tout donné, le Seigneur m'a tout osté ; il
» ne m'est arrivé que ce qu'il lui a plû ; que le nom
» du Seigneur soit béni [1]. » Ne doit-on pas aussi louer
et admirer la modération et le parfait détachement de
M. Levasseur, qui au même tems qu'on lui annonça
dans une grande assemblée une grosse succession, au
lieu de s'en réjouir et de s'en élever, ainsi que font la
plupart des hommes, dit avec beaucoup de retenue :
Dieu m'a donné cette succession, je la lui rendrai ? Job
ne s'impatiente point de ce qu'on lui oste de grands
biens, et lui ne s'élève point de ce qu'on lui donne de
grands biens, mais reconnoissant tous deux que tout
venoit de la main de Dieu, ils le remercient tous deux
avec humilité et soumission. Il n'est pas moins difficile
de ne point se réjouir et s'élever dans la prospérité, que
de ne point s'affliger et s'impatienter dans l'adversité.

Cette succession donc ne fit que confirmer M. Levasseur dans son dessein de faire bâtir une chartreuse ;
elle ne fit que le fortifier dans la sainte résolution
qu'il avoit prise de s'appuyer en toute cette grande
affaire davantage sur le secours du Ciel que sur ses
forces et ses revenus ; elle ne fit qu'augmenter sa confiance en la bonté de Dieu et en la protection de la
sainte Vierge, à laquelle il étoit fort dévot, proposant
de rapporter tout à leur gloire et honneur, et de ne
s'attribuer autre chose que d'estre un petit instrument
dont Dieu s'aura bien voulu servir pour l'exécution d'un
ouvrage si relevé. Et c'est sans doute pour ce sujet

[1] Dominus dedit, Dominus abstulit ; sicut Domino placuit, ità factum
est ; sit nomen Domini benedictum. JOB. I. 21.

qu'il a fait sculpter sur la boiserie de la porte du chœur par dedans : *Non nobis, Domine, non nobis, sed nomini tuo da gloriam.* C'est encore dans cette vue et pour la même fin que sur la principale fenestre, derrière le grand autel, à l'endroit le plus honorable, où les seigneurs des lieux, les fondateurs ou principaux bienfaiteurs ont coutume de faire mettre leurs noms ou leurs armes pour marquer leur juridiction ou perpétuer le souvenir de leurs insignes bienfaits, il a fait mettre en gros caractères ces trois mots : *Soli Deo gloria.*

Le fils de M. Cuvillon, procureur de la ville de Lille, ayant achevé l'année de son noviciat, il fit sa profession le 17 novembre 1616, jour dédié à saint Hugues, évêque de Lincoln, dont il a pris le nom.

M. Levasseur ne manqua pas d'aller encore à la chartreuse de Tournay, non point néanmoins pour assister seulement à cette profession, mais aussi pour faire part au vénérable père prieur de la succession qui lui estoit survenue depuis le tems qu'il lui avoit parlé, et pour lui déclarer que c'estoit une chose qu'il avoit résolue et fixement arrètée de bâtir une chartreuse en la terre de la Boutillerie, à l'honneur de Dieu, de la main duquel il l'avoit reçue ; comme aussi pour communiquer par ensemble et voir les mesures qu'il faudroit prendre pour que cette grande affaire pût réussir, ainsi qu'il le souhaitoit de tout son cœur.

M. *Levasseur* donna au père prieur une déclaration des fiefs, terres et héritages qu'il destinoit pour la fondation de la chartreuse, qui pouvoient faire six mille florins de revenus par an [1].

[1] Sçavoir : la terre, cense et seigneurie de la Boutillerie, avec ses

Peu de tems après que M. Levasseur eut donné la
liste et déclaration des biens qu'il assignoit pour sa
fondation, les révérends pères sous-prieurs de la char-

appartenances et appendances, laquelle consiste en cinquante bonniers
de terre (un bonnier forme environ un hectare quarante ares), et
comme il sera dit plus amplement dans le rescrit qu'ont fait les vénérables pères commissaires, de la part de l'ordre, ci dessous;

Item, le fief et cense de Termises, consistant en vingt-huit bonniers
d'héritage, gissans à Frélinghem au delà de la rivière du Lys, dont
vingt-cinq bonniers sont tenus en un seul fief de la salle d'Ypres, à
dix livres parisis de relief et vingt sols parisis de camberlage, auxquels
appendent des rentes seigneurialles au terme de Saint-Remy dix avots
de bled, mesure d'Ypres, qui font à la mesure de Lille quatre razières,
un avot et deux quarels de bled, et au Noël quinze chapons et quatre
livres seize sols parisis par argent; et les trois autres bonniers, ou environ, restant, sont tenus partie en fief, partie en cotterie de la seigneurie
de Flinques;

Item, une cense et maison à Esquermes, qui consiste en vingt-deux
bonniers, ou environ, de terres, tenues en cotteries, excepté un demi
bonnier en fief de divers seigneurs, et pour la plus grande partie de
la prévôté du dit Esquermes, étant chargé de rentes assez grosses; mais
il n'est rien dù en vente ni en relief;

Item, environ douze bonniers de terre à labour, situés à Emmerin,
dont quatre bonniers sont tenus en fief et trois en cotterie de l'abbaye
d'Anchin, et les autres cinq sont aussi tenus en cotterie de divers
seigneurs;

Item, le fief et cense de Layens, au village d'Allennes sur les
marais, contenant vingt-trois bonniers et trois cens d'héritage, dont
vingt-un bonniers sont tenus en un seul fief, à dix livres parisis, de la
eigneurie d'Allennes; et les deux bonniers trois cens restans sont tenus,
tant en fief qu'en cotterie, de la dite seigneurie;

Item, trente bonniers et demi d'héritage en une seule masse ès paroisses
de Flers et d'Annapes, dont quinze bonniers et quatre cens sont tenus
en un fief nommé le fief de Lannoy, à dix livres parisis de relief, et
quatre bonniers et deux cens en cotterie de la seigneurie de Vahagnies;
dix autres bonniers tenus en fief, nommé le fief Duquesne de la seigneurie
de Bocque, et semblables reliefs; et les vingt cens restans tenus en fief
de la seigneurie de la Moussoudrerie, à cent sols parisis de relief;

treuse de Valenciennes et Dom Leclerc, prieur de la
chartreuse de Tournay, sont allés à la cour poursuivre
l'amortissement des dits fonds, et aidé du vénérable
père Dom Bruno Doutelair, prieur de la chartreuse
de Gosnay, qui avoit de puissans amis à la cour, et
entre autres le seigneur de Noyelles, comte de Marles,
chef des finances, dont il avoit esté secrétaire avant
d'entrer dans l'ordre; ils ont obtenu de la clémence
des sérénissimes archiduc Albert et Isabel d'Espagne,
princes souverains des Pays–Bas, l'amortissement désiré, moyennant une finance de trois mille florins,
une fois, et une reconnoissance annuelle de vingt-
cinq florins payables à la recette du domaine de Lille,
et de douze deniers de la mesure du fief de Termisses,
payables tous les ans au receveur d'Ypres, et à condition d'estre participans de la fondation et de deux
messes solemnelles du Saint-Esprit pendant leurs vies,
au jour de leur naissance respectivement, et après

Item, quatre bonniers de terres à labour, situés en la paroisse de la
Madelaine vers l'abaye de Marquette, tenus en fief, appelé le fief Courtois de la seigneurie de Dadizelle, à dix livres parisis de relief;

Item, cinq bonniers de terres à labour, situés au quartier de Rosembois,
paroisse de Fournes, tenus en fief, nommé le fief Desprests de la baronie
de Cysoing, à dix livres parisis de relief;

Item, la cense de Laquerie, au village de Prémesque, contenant
environ douze bonniers, dont huit bonniers et demi sont tenus en fief
avec douze cens en cotterie de la seigneurie Helbudrie, et le surplus
tenu d'autres seigneurs;

Et finalement, une petite maison, située sur le marché au Verjus
en la ville de Lille, avec un assez grand jardin et héritage, haboutant
d'un côté au derrière de la dite maison, et d'un autre côté à l'héritage
de M. Deswaziers, faisant front à la rue des Pères Jésuites, pour servir
de refuge à la dite chartreuse.

leurs trépas, au lieu des dites messes du Saint-Esprit, deux obits solemnels aux jours d'iceux trépas, qui se célèbreront chacun ou par moitié ès chartreuses de Valenciennes et de Tournay, tant et si longtemps que celle de la Boutillerie ne sera pas en état de les décharger; dont celui du premier archiduc arrivé le 13 juillet, et celui de la dernière infante d'Espagne, le dernier décembre, auxquels jours ils sont décédés, lui en 1621 et elle en 1633.

Toutes lesquelles conditions ont été acceptées par les susdits pères prieurs de Valenciennes et de Tournay, qui ont promis au nom de l'ordre de les accepter et accomplir tout et chacun d'icelle, obligeant à ce le temporel de la nouvelle chartreuse; se faisant fort, si besoin estoit, de les faire agréer du révérend père prieur de la grande chartreuse, leur supérieur général; et ils ont signé et mis le cachet de leurs maisons à l'acte qu'ils ont donné au mois de janvier 1619. Mais il semble que le dit amortissement ait été accordé par les princes sur la fin de l'an 1618, puisque les lettres patentes qui en ont été données et auxquelles est appendu le grand scel des dits archiducs, en cire verte avec une liasse de soie rouge et verte, sont datées du mois d'avril 1618.

Aussitôt après cet amortissement obtenu, sçavoir le 12 du dit mois d'avril 1618, par devant Jean et Allard Cuvillon, notaires publics résidens en la ville de Lille, est comparu M. Jean Levasseur, licencié es loix, seigneur de la Boutillerie, bourgeois de la dite ville de Lille, et a passé acte par lequel il est dit que, désirant faire trouver agréable à Dieu, et afin de faire prier Dieu

pour lui, pour demoiselle Antoinette Delyot, qui fut
sa femme, pour les ames de ses père et mère; d'autres,
ses parens alors trépassés et autres depuis; et pour cet
effet bâtir une nouvelle chartreuse en la dite seigneurie
de la Boutillerie, qui seroit nommée Notre-Dame des
Douleurs, il avoit donné par don d'entre vif et irrévocable et sans rappel, à l'ordre des chartreux, pour
la fondation et dotation de la dite chartreuse, les parties
d'héritages fonds et rentes ci dessus déclarés, pour par
ceux du dit ordre jouir, user et possesser des dits
fiefs, maisons et héritage depuis le jour de son trépas
en avant héritablement et à toujours, à la charge de
tels reliefs, rentes seigneuriales et foncières dont ils
pourront estre chargés, et à condition que du revenu
(s'il venoit à mourir avant l'accomplissement des bâti-
mens) les dits chartreux seroient tenus et obligés de
les faire achever; pour par après estre le dit revenu
entièrement employé à la nourriture d'autant de religieux
qu'il pourra suffire et aux autres nécessités de la dite
chartreuse pour y faire et exercer le saint service divin,
comme il convient, sans qu'ils se puissent divertir et
appliquer à d'autres usages. Laquelle donation étant
acceptée par les notaires sus nommés, au nom du dit
ordre des chartreux, le sieur Levasseur a promis la
maintenir et entretenir sous l'obligation de ses biens
et héritages vers tous seigneurs et justices, et se déshériter des dites parties de fiefs, maisons et héritages
au profit de ceux du dit ordre, pour par eux et leurs
commis en estre adhérités et saisis, et en jouir dès
l'instant de son trépas et non auparavant; ayant pour
faire effectuer les dits déshéritemens, en son nom,

dénommé et constitué ses procureurs André de Fourmestraux, sieur Deswaziers, Jean de la Vittes,
écuyer, seigneur de Ninove, et Jean et François
Ghesquieres, laboureurs, auxquels et à chacun d'eux
il a donné pouvoir d'aller à son nom comparoître par
devant les seigneurs, leurs baillifs, lieutenans et gens
de loi, dont les dites parties de fiefs et héritages sont
tenus et mouvans, et s'en déshériter en son nom et
consentir l'adhéritement, possession et saisine en estre
donné à ceux du dit ordre pour par eux en jouir,
selon qu'il est dit ci devant ; promettant avoir pour
agréable et d'entretenir tout ce que par les dits procureurs, ou l'un d'eux, seroit fait en son nom au
regard de ce que dessus, renonçant à toutes choses
contraires.

Au même tems que M. Levasseur fit la donation
des biens susdits à l'ordre des chartreux, il écrivit
une lettre au vénérable père prieur de la grande chartreuse et au chapitre général pour leur offrir et les
prier d'accepter la dite donation [1].

[1] *Le titre de la lettre estoit :* « Reverendissimo in Christo Patri ordinis
» cartusiensis generali dignissimo et venerabilibus patribus definitoribus
» capituli generalis.

» Reverendissime in Christo pater et venerabiles patres, Spiritus sanctus
» qui ubi vult spirat, et vocem ejus audis, sed nescis unde veniat aut
» quò vadat, a multis jam retro annis dederat mihi pio quodam et
» benevolo affectu venerari et prosequi sacrum vestrum cartusiensem
» ordinem, mihi tùm solo nomine ferè cognitum : optabam ergo et
» tùm temporis, ut ei vel in aliquo prodessem, et de eo bene mereri
» liceret : sed ut verum fatear negotiis sæcularibus intentus, sterilis et
» sinè fructu illa voluntas diu substitit et remansit, quoadusque liber-
» tate viduali (percharissimæ uxoris sinè liberis obitu) fruens, in me
» denuò persensi illud desiderium reviviscore et in dies accrescere. Statui

2

Le révérend père général, qui étoit alors Dom Bruno d'Haffringues, natif de Saint-Omer, et qui de très ·savant docteur en droit et de chanoine et grand vicaire

» ergò, favente divino auxilio, novam cartusiam erigere et dotare, quod
» venerabili patri domûs tornacensis primùm declaravi, qui mox volun-
·» tatem meam paternitati vestræ per litteras significavit; quæ ut omnia
» maturè fierent, admodum venerabili patri visitatori Picardiæ in man-
·» datis dedit, ut secum assumptis venerabilibus patribus prioribus domo-
» rum Vallencenensis et Tornacensis, locum per me ædificiis construen-
·» dis designatum accederent et diligenter perlustrarent, mecumque de
» his negocitiis agerent. Quibus jussa exequentibus et locum solitudinis
» cartusianæ et alias per opportunum judicantes, declaravi me pro dota-
» tione fundos et census assignare velle pro valore quinque vel sex mille
» florenorum seu francorum gallicorum annui reditûs, in alimentum
» tot religiosorum familiæ et aliis ad divinum cultum necessariis, quot
» dictus reditus, omnibus examinatis et in ordine redactis, poterit conve-
» nire et sufficere; quorum declaratio, charta huic petitioni affixa conti-
» netur: Et eorum usufructum integrum, liberamque et absolutam
» administrationem mihi retineo et reservo, quamdiu vixero, quem
» (per gratiam Dei) cum aliis adhuc, non in alios usus, quam in construc-
» tionem ædificiorum et post hoc in alimentum religiosorum et familiæ
» necessitatibus expendere et consumere spero, ut post obitum meum
» et non anteà cedant ordini et monasterio; si vero contingat me ex
» hâc vitâ migrare antè inchoatam vel perfectam constructionem ædi-
» ficiorum, obnixè paternitates vestras rogo (nam ea intentione et fine
» supra dictos fundos et reditus do et assigno) ut opus hoc perficiatur et
» eo completo officium divinum celebretur, et religiosi memores bene-
» ficiorum, pro animæ meæ, uxoris et omnium parentum salute orent.
» Deinde ut cuncta ordine peragerentur, et stabilis fieret donatio nostra,
» dicti venerabiles patres priores a serenissimis archiducibus belgii prin-
» cipibus nostris impetrarunt amortisationem, ut vocant, dictorum fun-
» dorum sinè quâ effectum sortiri nequibat. Superest nunc, ut iis, quæ
» financiæ propter dictam amortisationem rogarunt et imposuerunt (re-
» cognitione annuâ exceptâ) satisfiat, quibus peractis et completis, humi-
» liter precor, ut venerabiles paternitates vestræ donationem hanc nos-
» tram et oblationem, quam simplicitate cordis mei lætus obtuli Domino,
» et in manus vestras offero Deo meo, suscipiatis, ad illius scilicet majo-
» rem gloriam, sanctissimæ ejus parentis et beatorum Joannis Baptistæ

de l'évesché de Carpentras, dans le comtat d'Avignon,
s'étant fait religieux de la grande chartreuse, en 1592,
en fut choisi prieur et général de tout l'ordre des
chartreux, en 1600, et est mort le 1er de mars 1632,
répondit à cette lettre avec des termes pleins d'honnêteté,
de religion et de reconnoissance ; et comme il avoi.
déjà donné commission au vénérable père Dom Martin
Bléneau, prieur de la chartreuse du Val Saint-Pierre,
visiteur de la province de Picardie ; Dom Pierre Léon,
prieur de celle de Valenciennes, convisiteur ; et Dom
Agathange Leclerc, prieur de celle de Tournay, de
descendre sur les lieux et voir les biens que M. Levasseur offroit à l'ordre pour la fondation d'une nouvelle chartreuse, selon qu'il le témoigne dans sa lettre,
les dits vénérables pères, après avoir vu et mûrement
considéré le lieu de la Boutillerie, ils l'ont jugé propre
et commode pour y bâtir la dite chartreuse, et que
les revenus assignés étoient suffisans pour l'entretien
de dix-huit à vingt religieux, avec la famille nécessaire ; et ensuite de leur rapport, le dit révérend
père a accepté, au nom de l'ordre, la susdite fondation, pendant le chapitre général de l'an 1618, et
a ordonné de nouveau aux susdits vénérables pères et
ensemble au père prieur de la chartreuse de Gosnay,
Dom Bruno *Doutelair*, depuis prieur de Bruxelles, de
remercier M. Levasseur au nom de tout l'ordre, de

» et Brunonis sacri vestri ordinis patronorum honorem sub invocatione
» beatæ Mariæ compassionis *de la Boutillerie* pro nostro ergà illam singu-
» lari et devoto affectu ; injungentes venerabilibus patribus prioribus Val-
» lencenensi et Tornacensi, et *Gosnay* tanquam magis vicinis, ut mecum
» huic operi promovendo et perficiendo invigilent juventque consilio,
» quorum judicio me libens subjicio. »

la grande et singulière affection qu'il lui portoit, d'accepter au dit nom sa nouvelle fondation, et de conférer avec lui des moyens pour l'avancer et l'achever, promettant d'agréer et d'approuver tout ce que conjointement ou séparément ils feroient ou jugeroient devoir estre fait, ainsi que l'on pourra voir par le rescrit des dits vénérables pères commissaires [1].

[1] « Honorabilis vir D. Joannes Levasseur annum ætatis agens qua-
» dragesimum octavum, civis inclytæ urbis insularum, virtutum et
» morum meritis præ ceteris conspicuus, locuples censu nec minus
» sensu, qui cum mirè industrius haberetur, sublimioribus reipublicæ
» officiis pluries præfectus est. Et ipsi quidem exactis in connubio annis
» octodecim, et conjuge absque liberis defunctà, Spiritu Dei suggerente,
» in mentem subiit, partem bonorum suorum piis impendere operibus
» et cœnobium cartusiense condere et sufficientibus redditibus dotare ad
» alendos et fovendos octodecim aut viginti religiosos; quæ quidem ejus
» intentio cum per annos duodecim latuisset et nemini innotuisset, tan-
» dem nuper foras erupit, et adscito quorumdam nostrum consilio, ex
» suis prædiis unum elegit (quod vocatur *la Boutillerie*) arbitratus non
» aliud forè convenientius structuræ domûs monasticæ, distans illud tri-
» bus circiter milliaribus a dictà urbe Insulensi et ab oppido quod dicitur
» *Armentieres* uno milliari. Et ipsum quidem plurimis est consitum arbo-
» ribus et irriguis circumfusum aquis et ex ducentis quibus constat terræ
» jugeribus, pars quæ videbitur aptior deputabitur ecclesiæ, claustro et
» aliis necessariis officinis construendis, residuum in pascua et agricul-
» turam relinquetur. Quem locum nos subsignati ex mandato reverendi
» patris visitavimus et accuratè perlustravimus, et alium vix posse reperiri
» censuimus solitudini cartusianæ accomodatiorem et ab omni strepitu
» semotiorem cui pro externis necessaria suppeditabunt urbes præno-
» minatæ et uno tantum milliari distans fluvius; porro redditus prædio-
» rum in dotem assignatorum ascendunt ad summam sexies mille flore-
» norum vel circiter, quorum declaratio, quià latinè vix potest exprimi,
» verbis gallicis, ut nobis dictus Dominus eam tradidit hic subjungitur. »
Suit le détail de la donation, comme nous l'avons transcrit page 16.
« Nos subsignati, ut dictum est, de mandato reverendi patris præ-
» fatum locum dictum *la Boutillerie* visitavimus quem construendo
» monasterio aptissimum judicavimus, et redditus supra dictorum præ-

Les dits commissaires envoyèrent ou portèrent eux-
mesmes ce leur sentiment par écrit au chapitre général
de l'an 1618, et voir l'acceptation que le dit chapitre
général fit ensuite de leur rapport de la fondation que
M. Levasseur avoit présenté à l'ordre, et la nouvelle
commission qu'ils eurent de l'aller remercier au nom
de l'ordre, comme j'ai déjà dit ci dessus [1].

Le révérend père et les définiteurs du chapitre général
ne se contentèrent pas de charger les quatre susdits pères
prieurs de remercier humblement M. Levasseur, de la
part de l'ordre, pour sa grande affection et bienveillance;
mais afin de lui donner quelques marques plus évidentes
de leur gratitude et sincère reconnoissance, ils les char-
gèrent aussi de lui porter et de lui mettre en main la
lettre de la messe de Notre-Dame partout l'ordre, qu'ils
venoient de lui accorder pendant le même chapitre [2].

» diorum sufficientes censemus ad sustentationem octodecim vel viginti
» religiosorum cum famillâ necessariâ. Erant signati : F. M. de Bleneau
» humilis prior domûs vallis sancti Petri, et visitator provinciæ Picardiæ.
» F. Petrus Leo humilis prior domûs Vallencenarum. F. Agathangelus
» Leclerc humilis prior montis sancti Andreæ propè Tornacum. »

[1] « Visâ relatione supra dictâ patrum commissariorum a reverendo
» patre cartusiæ specialiter deputatorum, eosdem committimus nec non
» venerabilem patrem priorem *Gosnay* ut nomine ordinis gratias agant
» spectabili domino Joanni Levasseur pro suo magno in ordinem affectu,
» et ut dicto nomine acceptant hanc novellam plantationem, omniaque
» cum eodem domino Levasseur faciant, quæ pertinere judicabunt ad
» perfectionem operis consummandam. Quæ nos grata et rata habituros
» pollicemur et quidquid ipsi fecerint vel alter eorum in quorum fidem
» præsentibus subscripsimus et sigillum ordinis consuetum apponi jussi-
» mus cartusiæ sedente capitulo generali, 17 maii 1618. » *Estoit signé :*
F. Bruno prior cartusiæ. *Et plus bas,* F. Justus Perrot scriba reverendi
patris et capituli generalis, *avec le scel de l'ordre.*

[2] *En voici la teneur :* « Frater Bruno humilis prior domûs majoris

Les quatre susdits pères prieurs ne tardèrent guère
après le chapitre général de s'acquitter de leur commission et de venir à la Boutillerie, selon qu'il leur
estoit enjoint, pour visiter M. Levasseur et le remercier
avec toute la reconnoissance possible pour tant de bontés
qu'il avoit pour l'ordre ; lequel fut très aise de les
voir, et les reçut avec des démonstrations d'une amitié
toute singulière, et il les remercia bien des fois du
bénéfice de la messe *De beatâ* qu'ils lui avoient apporté,
dont il fit très grande estime ; ils y restèrent quelques
jours pour conférer ensemble sur le plan de la maison, sur le lieu où l'on mettroit l'église et les autres

» cartusiæ ac totius ordinis cartusiensis generalis minister, cæterique defi-
» nitores capituli generalis, domino Joanni Levasseur civi insularum juris
» utriusque licentiato salutem in Domino.
  » Sancta sanè et salubris est hæc cogitatio ita facultatibus suis tanquam
» a Deo sibi commodatis uti , et quasi precarium possessorem earum
» se agnoscere, ut posteà quam quis eam tamdiu tenuerit quod ille
» permisit, qui præstitit, revertatur ad eum possessio qui utendas
» concessit. Tu igitur animæ tuæ optimè consuluisti qui non in incerto
» divitiarum sperans , thesaurisasti tibi fondamentum bonum in futu-
» rum , caducas scilicet mundanarum facultates, in sempiternas cœles-
» tium possessionum opus conferens. Sed quamvis certam tibi habeas
» repositam retributionem a Domino, nos tamen quantùm tibi congau-
» deamus et ampliorem fieri exoptemus, hoc nostro spirituali beneficio
» significare, æquum esse duximus. Quâpropter præsentium tenore tib
» concedimus missam de beatâ Mariâ per totum ordinem nostrum a
» singulis personis ejusdem post obitum tuum persolvendam. Perge
» igitur, homo Dei, qui velut sapiens architectus, computasti sumptus
» et invenisti necessarios ad perficiendum opus quod ædificare cœpisti,
» consumma. Et nos interim Deum orabimus, ut qui pro suâ bonâ
» voluntate dedit velle, det et perficere. Datum cartusiæ sedente capitulo
» generali 16 maii 1618. »
  Et sur le replis estoit écrit : Sigillentur. F. Bruno prior cartusiæ , *avec
le scel de l'ordre pendant à un ruban violet.*

gros bastimens, et ils furent tous également satisfaits,
M. Levasseur des dits vénérables frères commissaires
et eux de M. Levasseur, et louèrent beaucoup la prudence et la modestie qui paroissoit en toutes ses paroles
et actions.

Ces heureux commencemens combloient de joie M.
Levasseur, mais d'une joie sainte et toute chrétienne ;
car bien loin de lui élever ou enfler le cœur, comme
font ordinairement les joies et les prospérités du monde,
elle le rendoit tout au contraire plus humble, plus
reconnoissant, et le faisoit entrer dans une sainte confusion à la vue des grandes bontés dont Dieu usoit
en son endroit, en secondant ses bons desseins et en
leur donnant tout le succès qu'il auroit pu souhaiter,
et même au delà de ce qu'il auroit presque osé
espérer.

Car outre que les sérénissimes archiducs Albert et
Isabelle, de haute et glorieuse mémoire, ont accordé,
comme j'ai dit ci dessus, à la requette des susdits
pères prieurs de Valenciennes et de Tournay, l'amortissement général qu'ils leur ont demandé de la part
de l'ordre, ils ont quitté le droit de cent vingt à trente
bonniers d'héritage et fief, tenus immédiatement de
leurs salles de Lille, Ypres et prévoté d'Esquermes ;
comme aussi le droit de semblables cent vingt à trente
bonniers dépendans des dits fiefs ou d'autres, et par
conséquent, tenus immédiatement de leurs altesses
sérénissimes.

Les mêmes princes, par une patente du 16 juillet
1618, ont encore fait don et remise de la somme de
trois mille florins, qu'ils avoient ordonné de payer

pour la finance du susdit amortissement général, comme
l'on peut voir par la quittance du receveur de la
chambre des Comptes à Lille, en date du 24 janvier
1619, laquelle est jointe et attachée à la lettre patente
du dit amortissement général, et ce pour la construc-
tion de deux cellules dans le cloître, sur lesquelles
ils ont ordonné de mettre leurs armes, en mémoire
perpétuelle de leurs grands bienfaits.

De plus, à l'imitation de ces grands et très pieux
princes, plusieurs seigneurs et même presque tous ceux
de qui les biens donnés par M. Levasseur pour la fondation estoient tenus et mouvans, soit en fief, soit en
cotterie ou roture, ont cédé à la prière et requette des
deux susdits pères prieurs de Valenciennes et de Tournay, chargés par les révérends pères de poursuivre les
amortissemens des fonds assignés pour la dotation de
la nouvelle chartreuse de la Boutillerie, et ont quitté,
par aumône et pour l'honneur de Dieu, tout ce qu'ils
pouvoient prétendre et exiger, tant pour les droits
seigneuriaux que pour ceux d'indemnité et d'amortissement, à cause de la dite donation, estant aises et faisant gloire de contribuer de leur part à l'avancement
des bastimens afin d'estre participans des sacrifices,
oraisons et de toutes les autres bonnes œuvres qui s'y
feroient perpétuellement.

Le sieur Girard de Merodes, seigneur d'Oignies,
Vahagnies, etc., chevalier de l'ordre de Calatrava,
gouverneur des ville, château et bailliage de Bapaume,
a donné, par acte du 16 mars, tous les droits qui lui
estoient dus à cause de la donation de quinze bonniers
quatre cens de terre, faisant le fief de Lannoy; et de

quatre bonniers deux cens de cotterie, situés es paroisses d'Annapes et de Flers, tenus de la dite seigneurie de Vahagnies, et en a accordé l'amortissement, à condition de bailler comme vivant et mourant pour. après sa mort payer dix livres parisis de relief, et à charge de deux anniversaires à perpétuité, l'un pour madame Hélène de Montmorency, son épouse, au 12 de mars, comme estant décédée ce même jour en 1612, et l'autre pour lui au jour de son trépas, qui est arrivé le 19 de septembre 1622.

Hippolyte Petipas, seigneur de *Gamans*, n'a pas donné par escrit une quittance des droits seigneuriaux et d'indemnité de vingt cens de terres, séantes au dit Annapes, tenues en fief de la seigneurie de la Moussoudrie; mais il a répondu de vive voix, quand on lui en a fait la demande, qu'il n'entendoit pas qu'un si bel habit demeurât imparfait pour un point qu'il y devoit coudre. Voulant signifier qu'il estoit aise de contribuer de quelque chose à une si belle fondation, et qu'il auroit été fasché qu'elle tardât d'estre achevée et accomplie pour un droit de peu de conséquence qu'il pouvoit prétendre, après que plusieurs seigneurs avoient quitté des droits beaucoup plus considérables.

M. Jean Vauvicht, seigneur de Nieuvenhove, etc., a donné, à la même requette et pour les mêmes motifs, les droits seigneuriaux et a accordé l'amortissement de huit bonniers et demi de fief, nommé le fief de Laquérie, situés à Prémesques; et de douze cens de terres cotterie, tenus de la seigneurie de la Helbudrie, sans y rien réserver, par acte du 23 de mars 1618; et que dame N. Vauvicht, sa fille, mariée à M. de

Baudimont, a depuis confirmé et ratifié avec le dit M. de Baudimont, son époux.

Jean Dubosquiel, seigneur du Cadmitz, et Marie Dubosquiel, sa sœur, à la même requette et pour les mêmes raisons, ont cédé, par acte du 23 de mars 1618, les droits seigneuriaux et d'amortissement de cinq bonniers et demi de terres, séantes à Esquermes, tenues en cotterie de leur fief du petit Lambersart, sans y rien réserver que la rente seigneuriale.

Quelques années après que les dits amortissemens, qui furent donnés auparavant que M. Levasseur eut posé la première pierre aux bastimens de la chartreuse, quelques autres seigneurs ont aussi amorti ce qui estoit de leur mouvance; d'autres ont diminué ou modéré les droits qui leur estoient dus, et d'autres ont fait des dons considérables, ainsi que l'on pourra voir dans ce qui suit.

Le très révérend père en Dieu, Dom Jean de Meers, abbé du monastère de Saint-Sauveur d'Anchin, à la même requette et pour les raisons avant dites, a accordé avec son couvent, capitulairement assemblé, et donné, par acte du 12 de mars 1621, les droits seigneuriaux et d'amortissement de sept bonniers de terres, séantes à Emmerin, dont il y a quatre bonniers et demi de cotterie, et un bonnier où la dite abbaye a les droits d'entrée et d'issue; aux charges de donner un homme vivant et mourant pour les reliefs, de payer une reconnoissance annuelle de vingt patars au terme de Noël, et de chanter tous les ans, au mois de janvier, un obit ou anniversaire pour les religieux de la dite abbaye qui sont décédés. Cet anniversaire est marqué néanmoins, dans les calendriers de la maison, au premier jour de mars; je ne sçais pour quelle raison on l'a ainsi transporté.

Messire Charles de Lallaing, comte de Hoocstrate, etc., gouverneur de Tournay et Tournaisis, chevalier de l'ordre de la Toison d'Or, etc., à la requette du vénérable père Dom Agathange Leclerc, prieur de la chartreuse de Tournay, et pour estre participant aux prières des religieux, a donné, par acte du 8 de février 1624, les droits seigneuriaux et d'amortissement de huit cens de terre, situées sur le mont de Loz, tenus en cotterie du fief du petit Menin.

Messire Antoine d'Ongnies, chevalier, seigneur de Pérenchies, Willerval, Allennes sur les marais, etc., grand baillif des bois du roi dans le pays et comté de Haynaut, a donné, par acte du 2 de juillet 1623, à la requette du vénérable père Dom Bruno Doutelair, prieur de la chartreuse de Bruxelles, les droits seigneuriaux, et a accordé l'amortissement du fief de Layens, séant au dit Allennes sur les marais, et en fermes, contenant vingt-un bonniers d'héritage et terres à labour, et de deux bonniers trois cens de terres cottières tenues de la seigneurie d'Allennes, à la charge de donner un homme vivant et mourant, après la mort duquel on payeroit dix livres parisis pour relief, et d'un obit perpétuel au jour anniversaire de son trépas, qui est arrivé le 26 de février 1625.

Il y avoit au hameau de la Boutillerie, pour la commodité d'entendre la messe des habitans du dit hameau et des lieux circonvoisins éloignés des églises de leurs paroisses, une chapelle [1] bastie sur un champ

[1] L'ancienne chapelle qui fut démolie du tems de M. *Levasseur*, lorsqu'il

contenant un demi bonnier de terres, tout joignant
le riez, le courant passant entre deux, et faisant le
coing du grand chemin qui mène du dit riez à Fleurbaix,
que l'on nomme encore aujourd'hui le champ de la
Chapelle, laquelle estoit dédiée à l'honneur de sainte
Marguerite, vierge et martyre, et estoit fort bien
dottée, car outre les deux bonniers sur lesquels elle
estoit située, elle avoit encore huit bonniers de terres
à labour, auprès du chemin dit de la Marlaque, presque
tout en une masse, et deux bonniers et demi sur la
paroisse de la Gorgue, qui font ensemble onze bonniers,
elle avoit aussi quelques sous rentes de petite conséquence qui ont été négligées depuis longtemps. L'on
ne sçait point par qui ni en quel tems elle a esté bastie
et fondée, parce que M. Levasseur, pour obtenir de
Mgr l'évesque d'Arras l'union des dites terres de la
chapelle à celles de la chartreuse, comme il sera dit ci
dessous, ou pour quelques autres raisons à lui connues
et inconnues à nous, a mis tous les titres et papiers
concernant la dite chapelle entre les mains de M. l'ar-
chidiacre et qu'on n'a pu retrouver.

La propriété de cette chapelle estoit à M. Charles
Destrompes, sieur du Frenoy, chanoine de l'église
cathédrale de Tournay, et elle estoit desservie par un
prestre résidant au hameau de la Boutillerie, qui avec
une médiocre rétribution qu'il retiroit du dit seigneur
propriétaire pour décharger les deux messes par semaine,
auxquelles on croit par tradition que la dite chapelle

en eut érigé une autre qui étoit très belle, se trouvoit sur un champ mis
depuis en paturage, et vingt pas au dessus de la nouvelle forge allant vers
le monastère, et presque vis-à-vis du chemin qui conduit à Fleurbaix.

est obligée, et les émolumens qu'il tiroit, tant de ses
messes que de son école, avoit pour vivre honnettement
selon sa condition. Je dis que c'est par tradition qu'on
croit estre obligé toutes les semaines à deux messes
pour la chapelle, d'autant que les papiers qui con-
tenaient sa fondation et par conséquent ses obligations
sont, comme il est dit ci devant, perdus et égarés.

Le 22 mars 1619, le dit sieur Destrompes, chanoine
de Tournay, a, dans le couvent des révérends pères
dominicains de Lille, en présence du révérend père
Jourdain, sous prieur, et du révérend père Henry,
religieux du mesme couvent, remis les titres entre les
mains de M. Levasseur, seigneur et patron d'icelle, à
condition que les terres et les fonds appartenant à la
dite chapelle seroient affectés et amortis à la maison ou
aux religieux chartreux, auxquels la terre de la Boutillerie estoit affectée pour fondation du monastère qu'il
y vouloit bastir, *et non aliter, nec alias, nec alio modo ;*
et le mesme jour et an que ces présentes, M. Levasseur fit une promesse par escrit de faire dire deux
messes, dont on croit que la dite chapelle estoit chargée,
et ce toutes les semaines, et pour marquer sa reconnoissance au dit sieur chanoine, il lui promit encore
de faire célébrer tous les ans, sa vie durante, une
messe du Saint-Esprit à son intention, pendant l'octave
de la Pentecoste, en la chartreuse qui devoit estre
bientôt fondée, par un religieux tel qu'il plairoit au
père prieur de nommer, et après son trépas lui faire
chanter un service solennel et de dire douze messes
pour le repos de son âme, à quoi les pères chartreux
seroient tenus et obligés.

Quelque tems après cette remise de la chapelle de Sainte-Marguerite, faite par M. le chanoine Destrompes, Mgr Paul Boudot, évesque d'Arras, pour correspondre aux pieux desseins de M. Levasseur, et pour avancer autant qu'il estoit en son pouvoir l'œuvre de Dieu, que le dit sieur avoit entreprise et commencée, a consenti et agréé que tous les biens et revenus de la dite chapelle de Sainte-Marguerite fussent mis et incorporés pour toujours aux biens donnés par M. Levasseur pour la fondation de la chartreuse de Notre-Dame des Douleurs, à la Boutillerie, par acte du 10 mars 1620 [1].

[1] *En voici la teneur :* « Paulus *Boudot* Dei et apostolicæ sedis gratiâ » Episcopus Atrebatensis, universis et singulis litteras has visuris, salutem » in Domino. Injunctæ nobis servitutis officium mentem nostram exci- » tat et inducit ut circà ea quæ pro statu prospero ecclesiarum et piorum » locorum nostræ diœcesis ac personarum regularium in illâ piis operibus » vacantium et ad perseverantiam divini cultûs oportuna fore conspi- » cimus et per quæ eorum commoditatibus consulitur operosis studiis » intendamus ; exhibita si quidem nobis nuper per dilectum nobis in » Christo nobilem virum dominum Joannem *Levasseur* insulensem nu- » per dominum temporalem loci *de la Boutillerie* nostræ diœcesis petitio » continebat quod cum pro singulari suo in Deum amore et eximio in » sanctum Brunonem ordinemque patrum cartusianorum affectum, mo- » nasterium, ecclesiam, claustrum, cellas aliaque solita ad præfatorum » patrum usum ædificia in dicto loco *de la Boutillerie* construere et » fundare decreverit et de facto majorem hujus modi monasterii partem » construxerit, ac in ejusdem fundationem dicti loci de la Boutillerie, » dominium, agros, prædia, redditus et proventus aliaque bona ad se spec- » tantia donaverit, cesserit et in perpetuum dicto monasterio applicaverit, » prout in ipsius litteris donationis plenius continetur ; ac insuper quod- » dam beneficium sub invocatione sanctæ Margaritæ in dicto loco *de la* » *Boutillerie* fundatum valoris annui trecentorum aut circiter florenorum » quod a dominis temporalibus ejusdem loci *de la Boutillerie* plenariè et » liberè conferri solitum, cum omnibus fructibus proventibus et emolu- » mentis ac oneribus eidem monasterio in perpetuum applicaverit et » donaverit, nobis humiliter supplicando quatenùs eidem monasterio

L'an 1638, dix ans après cette réunion et incorporation
faite par Mgr l'évesque d'Arras, des biens et revenus
de la dite chapelle de Sainte-Marguerite à ceux de la

» dicti beneficii factam donationem ratificare et confirmare et in quantum
» opus est, dictum beneficium cum omnibus fructibus proventibus et
» emolumentis ejusdem monasterio unire atque annectere dignaremur
» et vellemus. Nos igitur tam pium et laudabile præfati domini Joannis
» *Levasseur* propositum ac desiderium, quantum in Domino possumus,
» promovere cupientes, constito nobis prius de demissione per dominum
» *Destrompes* ejusdem beneficii ultimum possessorem pacificum in ma-
» nibus præfati domini Joannis *Levasseur* tanquam patroni, ex causâ
» suprâ dicta et *non alias, nec aliter, nec alio modo* factâ, ac de præ-
» missis omnibus et singulis, ac eorum circumstantiis universis debitè
» informati, omnibus jure, viâ, modo, causâ et formâ quibus et prout
» melius et validius fieri et esse potest intervenientibus quibuscumque
» solemnitatibus etiam substantialibus tam juris quam facti in similibus
» de jure et consuetudine opportunis, beneficium sub invocatione sanctæ
» Margaritæ præfatum cum omnibus juribus et pertinentiis suis in per-
» petuum præfato monasterio patrum cartusianorum univimus, incor-
» poravimus et annectimus, ac ex nunc unimus, incorporamus et annec-
» timus per præsentes, ità quod ipsi patres cartusiani vel procurator
» constitutus legitime dicti monasterii nomine, corporalem, realem et
» actualem hujusmodi beneficii juriumque et pertinentiarum præfaturam
» possessionem liberè apprehendere, nec non fructus, redditus et pro-
» ventus dicti monasterii usum et utilitatem convertere et perpetuo
» retinere possint. Volumus autem quod per unionem, annexionem et
» incorporationem beneficii præfati debitis non fraudetur obsequiis, sed
» ejus onera et fundationes in capellâ conjuncta vel alio in loco de
» licentiâ nostrâ transferenda et erigenda debite persolvantur : nobis
» etiam et successoribus nostris ejusmodi capellæ ornamentorum alio-
» rumque eam concernentium prout hactenus visitationem ac alia jura
» episcopalia reservantes : mandantes insuper authoritate nostrâ in vir-
» tute sanctæ obedientiæ omnibus et singulis quos præsens negotium
» tangit seu tangere poterit quomodolibet in futurum et eorum cui-
» libet, quatenus præfatum monasterium patrum cartusianorum ejus-
» dem beneficii redditus, fructus, proventus et emolumenta quæcumque,
» quiete recipere et levare sinant, nullum in præmissis per se vel alium seu
» alios, publicè vel occultè, directè vel indirectè, quovis quæsito colore

chartreuse de Notre-Dame des Douleurs, et dix-neuf ans après la remise ou démission qu'en avoit fait le sieur Destrompes, seigneur du Frenoy, chanoine de Tournay, M. Levasseur voyant que cette chapelle estoit fort chétivement bastie, qu'elle estoit fort vieille, fort caducque et fort pauvrement ornée, il en fit bastir une toute nouvelle auprès de la porte de la maison, qui est belle, ample et bien voûtée, ainsi qu'on la voit aujourd'hui, et en l'an 1644, quand Mgr l'évesque de Saint-Omer vint consacrer notre église, il consacra aussi cette nouvelle chapelle, et en considération que saint Barnabé estoit le patron du hameau de la Boutillerie et que le jour de ce saint apôtre estoit la feste ou la dédicace de ce hameau, il la consacra au nom et à l'honneur de saint Barnabé, apôtre, et de sainte Marguerite, vierge et martyre.

Cette union de la dite chapelle, si utile et si avantageuse pour la nouvelle chartreuse, fut bientôt suivie de quelques donations et d'une fondation qui estoit assez considérable; car le sieur Mathieu *Charle*, bourgeois rentier de la ville de Lille, et très grand ami de M. Levasseur, pour faire prier pour lui et ses parens trépassés, et pour la plus grande gloire de Dieu et l'avancement de la fondation du dit sieur Levasseur, a donné, le 27 de février 1621, par don d'entre vif et irrévocable, un bonnier, ou environ, de terres à

» seu ingenio, auxilio vel favore impedimentum præstando, quominus
» omnia et singula suum debitum sortiri valeant effectum. In quorum
» fidem præsentes fieri et sigilli nostri jussimus appensione communiri.
» Datum in palatio nostro episcopali Atrebati, die decimâ mensis marti
» anno millesimo sexentesimo vigesimo octavo. »

labour, listant au fossé des Laye, nommé le champ
Fouquet, tenu en fief de la Boutillerie; item une pièce
de terre sur Fromelle, contenant trente et un cens,
ou environ, et une autre de cinq cens sur Lemaisnil,
tenus en cotterie de la seigneurie de la Boutillerie,
avec un assez beau et grand calice d'argent doré, à
la charge d'un obit annuel à perpétuité au jour de
son trépas; laquelle donation il a ratifié par un acte
du 8 de mars 1632, peu de tems avant sa mort, qui
arriva le 2 d'avril de la même année 1632.

Antoine Decroix, aussi rentier et bourgeois de la
ville de Lille, pour la bonne affection qu'il portoit à
la nouvelle chartreuse et pour participer aux prières
qui s'y feroient, a donné, le 14 de mai 1626, par
don d'entre vif, cinq cens de terres sur Lemaisnil,
tenus de la Boutillerie, et enclavés dans les terres
de notre cense et faisant partie d'un champ qu'on
nomme le Champ à Part, laquelle donation pouvant
estre débattue et disputée par ses héritiers, Jacques
Willot, dit de Pernes, son neveu et premier héritier,
l'a agréée et ratifiée par un acte du 10 de juin 1626.

Demoiselle Antoinette Duhot, veuve du sieur Guillaume Delyot et mère de feue damoiselle Antoinette
Delyot, en son vivant femme à M. Levasseur, par son
testament pieux, qui fut passé à Lille par devant Pierre
Duforest et Pierre Pollet, notaires y résidans, le 17
de décembre 1621, a ordonné estre fondé à perpétuité,
tous les jours de l'an, une messe basse et non chantée
dans le nouveau couvent des chartreux que Jean Levasseur, son beau fils, avoit fondé et commencé de bastir
à la Boutillerie, pour le repos de son ame, celle de

3

son mari, de tous ses enfans, de ses père et mère
et d'autres sieurs parens trépassés; et que si elle venoit
à mourir auparavant qu'on diroit la messe dans le nouveau couvent de la Boutillerie, la dite messe, par
elle fondée, devroit estre déchargée et célébrée dans
le couvent des chartreux près de Tournay; déclarant
que son intention estoit que ce fût toujours la première
messe qui se diroit dans les dits couvens, assignant
et ordonnant estre transportée au dit sieur Levasseur,
pour le dit nouveau monastère, en exécution de la dite
fondation, une rente portant en capital quatre mille
florins, et au cours annuel deux cent cinquante florins
de quarante gros le florin, sur le sieur de Vendôme,
à présent le roi de France[1], et ses biens et ses quartiers
que payoient alors Pierre Vaas et ses comportionniers
en la ferme des dits biens, entendant néanmoins que
les frais des messes, par elle ordonnées dans son dit
testament pieux estre dites au jour de sa sépulture et
pendant l'année de son décès, seroient pris sur les
cours de la dite rente assignée, et que partant la dite
messe fondée en la maison des chartreux ne commen-
ceroit à estre déchargée qu'au bout de l'an de son
décès.

Le 17 d'aoust 1641, M. Levasseur, ayant esté chargé
de l'exécution du dit testament pieux ou dernière volonté
de la dite damoiselle Antoinette Duhot, sa belle mère,
laquelle estoit alors apparemment nouvellement décédée,
a, en cette qualité d'exécuteur testamentaire, cédé et
transporté, par un acte juridique, la dite rente de
quatre mille florins en capital et de deux cent cinquante

[1] Henry IV.

florins en cours annuel au profit de la nouvelle chartreuse de la Boutillerie ; ce acceptant les vénérables
pères Dom Jean de Meldeman, prieur, Dom Hugues
Cuvillon, procureur, Dom Philippe Hochart, sacristain,
lesquels promirent que la dite fondation d'une messe
non chantée seroit exactement accomplie et déchargée,
conformément à l'ordonnance de la dite testatrice, et
qu'au cas que la dite rente viendroit à estre remboursée, les deniers en provenant seraient employés,
par eux ou leurs successeurs, en de nouvelles acquisitions de rentes héritières, pour continuer et entretenir
perpétuellement la dite ordonnance et fondation. L'acte
de ce transport a été fait et passé à la Boutillerie par
devant Jean Delbecque, notaire public, en présence
d'André Dumoulin et de Jean Dugardin, domestiques
au dit sieur Levasseur, témoins au requis.

Et comme ni les religieux ni les supérieurs de l'ordre
ne peuvent charger leur maison d'aucune fondation à
perpétuité ou pour un tems considérable, sans avoir
le consentement et approbation du chapitre général ou
du révérend père, selon qu'il est porté expressément
dans l'article 17 du XXIVe chapitre des Statuts, les
dits trois vénérables pères, après avoir accepté le transport de la dite rente pour la fondation susdite d'une
messe pour tous les jours de l'année à perpétuité,
l'envoyèrent au révérend père, qui estoit alors Dom
Juste Perrot, et le prièrent, non seulement d'approuver
et ratifier l'acceptation qu'ils avoient faite de la fondation à perpétuité, mais aussi que la messe *De beatâ
Mariâ*, que l'on dit tous les jours dans toutes les
maisons de l'ordre après la grande messe conventuelle,

`y fut appliquée; à quoi le dit révérend père a consenti
par ces mots qu'il a escrit lui mesme au pied du dit
transport : « Pour le respect du dit seigneur constituant,
» nous admettons la présente constitution et pension,
» et ordonnons que la messe de Notre-Dame, qui se
» dit chaque jour en nos maisons, soit fondée pour
» cela. Fait en chartreuse, séant le chapitre général
» de 1643. » Et estoit signé, F. Juste, prieur de
chartreuse.

C'est donc ensuite de cette permission ou ordonnance
du révérend père que l'on dit tous les jours, en cette
maison, la messe *De beatâ*, à l'intention de la susdite
damoiselle Antoinette Duhot, et c'est pour les ames
de son mari, de ses père, mère, enfans et autres
proches parens trépassés que l'on dit l'oraison *inclina
famulorum et famularum*, devant la dernière collecte
dans la dite messe *De beatâ Mariâ*.

Toutes ces choses avant dites, sçavoir, ces amortissemens, ces donations et fondations, si avantageuses
à la nouvelle chartreuse de la Boutillerie, arrivées
immédiatement avant que M. Levasseur, son fondateur,
commençât de bastir ou peu de tems après qu'il l'eût
commencé, ne lui permettoient point de douter que
l'œuvre qu'il vouloit entreprendre ne fût agréable à
Dieu et ne vînt de son mouvement et inspiration,
puisque visiblement il lui donnoit sa bénédiction et sa
protection, en faisant réussir toutes choses autant généreusement qu'il auroit pu souhaiter ou osé attendre.
C'est pourquoi, animé et poussé d'une ferme confiance
que Dieu, qui daignoit donner de si bons et de si
heureux commencemens au pieux dessein qu'il avoit

de lui bastir une maison, daigneroit aussi lui donner
une fin très bonne et très heureuse, et s'appuyant
entièrement sur sa providence et sa miséricorde, le
11 d'aoust de l'année 1618, en laquelle il avoit reçu
l'agrément du chapitre général, et obtenu l'amortissement susdit des sérénissimes souverains des Pays-Bas,
il mit la première pierre de son bastiment au quartier
des hostes, au coing de la chambre du père procureur,
tout joignant les fondemens de l'église; jugeant qu'il
estoit à propos et mesme nécessaire de faire cet édifice
avant de commencer les autres, afin d'avoir où se loger,
et aussi ses parens et amis qui viendroient le voir tandis
qu'il demeureroit à la Boutillerie pour diriger les bastimens, veiller sur les ouvriers et leurs ouvrages.

Mais auparavant que de parler amplement des bastimens et de tout le progrès de la fondation et établisse-
ment de la chartreuse de Notre-Dame des Douleurs,
il semble qu'il est à propos, outre ce qui est dit ci
dessus des bonnes mœurs, inclinations et qualités de
M. Levasseur, fondateur d'icelle, de rapporter, et de
faire connaître et remarquer sa manière de vivre et
ses vertus héroïques, dans lesquelles il a excellé et
par lesquelles il a relui en son tems comme un flambeau
exposé à la vue du monde, comme un modèle aux
grands et aux petits, et laisser à la postérité un rare
exemple d'une insigne piété, qui a paru en toute la
conduite de sa vie et dans tous les emplois qui lui
ont été confiés, mais particulièrement en structure et
fondation magnifique de la chartreuse, qui est une
œuvre vraiment royale, et qui surpasse visiblement la
portée et condition de l'entrepreneur; aussi l'on assure

que quand on parla de son dessein au sérénissime
archiduc Albert, prince souverain des Pays-Bas, et
qu'on lui exposa la beauté et grandeur de la maison
qu'il prétendoit bastir, il dit aux assistans : « Voilà
» un bourgeois de Lille qui fait ce que je n'oserois
» moi-mesme entreprendre. »

Mais il faut dire et confesser hautement que, comme
ce digne personnage s'est appliqué sérieusement de
joindre et marier les raisons d'Etat et le gouvernement
politique avec la dévotion et la religion, quoique cela
soit très difficile et mesme presque impossible dans le
monde et le tems où il estoit, il a mérité et s'est
rendu digne que Dieu lui eut communiqué son esprit
de sapience et d'entendement, qu'il ne donne qu'aux
ames vraiment humbles et qui mettent toute leur confiance en lui ; qu'il ait béni ses travaux et entreprises,
qu'il ait augmenté ses biens et revenus, et qu'il ait
voulu se servir de lui comme d'un instrument pour le
projet, pour la conduite et pour l'accomplissement de
tout l'ouvrage. C'est ce que lui mesme connoissoit
parfaitement, disant souvent et avouoit ingénuement,
ainsi qu'il est dit ci devant, que c'estoit Dieu qui lui
avoit donné le premier mouvement, Dieu qui lui avoit
continué cette bonne volonté, Dieu qui lui avoit suscité
et pourvu des moyens inopinés et inespérés, Dieu enfin
qui en estoit le principal auteur, et que pour lui il
n'estoit qu'un simple outil et qu'un chétif instrument
dont il s'estoit voulu servir. Voilà comment il lui en
donnoit tout l'honneur et toute la gloire, ayant pour
ce sujet, et dans cet avouement sincère qu'il n'en
méritoit aucun honneur, fait mettre, ainsi que je l'ai

déjà dit, sur et tout en haut de la principale fenestre·
ces mots en grosses lettres : *Soli Deo gloria.* Et sur
la boiserie de l'entrée du chœur : *Non nobis, Domine*,
non nobis, sed nomini tuo da gloriam. Et n'ayant jamais
désiré ni voulu qu'on eut mis son nom dans quelque
place de la maison; acquiesçant néanmoins à la prière,
plusieurs fois réitérée, d'une personne de mérite, il
permit qu'on mît ses armoiries sur une pierre, mais
dans un endroit fort caché et presque le moins exposé
à la vue du monde; sçavoir, sur la grande porte de la
petite cour au dedans, de sorte qu'il est très rare que
ceux qui y entrent s'en aperçoivent. J'ai entendu dire
bien des fois à un frère qui avoit eu le bonheur de
demeurer plusieurs années avec lui et de l'aider en
tous ses bastimens, que lorsque les ouvriers ou quelques
autres demandoient à M. Levasseur s'il ne vouloit point
qu'on mit ses armes en tel ou tel endroit qu'on bas-
tissoit actuellement, comme cela se pratiquoit partout
et mesme dans les monastères les plus réguliers, il
témoignoit par ses paroles l'éloignement de toute complaisance en ses bonnes actions, disant que Dieu sçavoit
le nom de ceux qui ont fait les dons aux églises, et
qu'il ne falloit pas, par cet esprit de vanité et d'estime
de la louange, empescher que ces noms soient escrits
au livre de vie où il n'y aura que les œuvres faites
purement et uniquement pour lui enregistrées.

C'est pourquoi Notre-Seigneur nous dit et nous
inculque dans son Evangile : « Prenez bien garde de
» ne faire pas vos bonnes œuvres devant les hommes
» pour en estre regardé, autrement vous n'en recevrez
» point la récompense de votre Père qui est dans le

» ciel. » Et il ajoute encore : « Lors donc que vous
» donnerez l'aumône, ne le faites point en public
» comme les hypocrites qui aiment d'estre vus des
» hommes; je vous dis en vérité qu'ils ont déjà reçu
» leur récompense. »

M. Levasseur pratiquoit exactement ce conseil ou
précepte du Fils de Dieu dans toutes les actions de
charité et de grandes aumônes qu'il faisoit, sans permettre que sa mémoire fût perpétuée par quelque
inscription ni autrement. Car il ne faut pas croire
que sa piété et libéralité aient été bornées ou limitées
à la chartreuse et aux personnes de l'ordre, puisqu'elles
se sont étendues à la plupart des maisons et commu-
nautés religieuses de Lille. Les révérends pères capucins, entre autres, ont rendu et témoigné de lui,
qu'ayant avancé de grosses sommes pour l'érection de
leur maison et couvent, dont le vénérable père provincial se trouva si confus et pénétré qu'il n'osoit plus
le prier de leur faire quelques petites avances pour
achever le bastiment de leur église; M. Levasseur, s'en
estant aperçu, se montra plus prompt et plus hardi à
donner que l'autre à demander, et après que l'église
fût achevée, le dit père prieur provincial estant venu
en sa maison pour faire un compte de tous les déboursés,
M. Levasseur le reçut avec beaucoup d'honnêteté, et
ayant ramassé tous les papiers et toutes les notices
qu'il avoit tenus, avec un cœur généreux et rempli
de charité pour Dieu et pour ses pauvres serviteurs,
il les jeta dans le feu en sa présence, lui disant : « Je
» donne et dédie à Dieu toutes mes peines, toutes les
» dettes et tous les intérêts que je pourrois prétendre

» contre votre couvent. » Rien néanmoins de cette grande générosité, qu'il avoit exercée envers ces bons pères religieux, n'a jamais éclaté ni paru devant les hommes, n'ayant pas voulu permettre que ses armes ou quelques autres marques visibles de sa largesse fussent mises sur les bastimens auxquels il avoit tant contribué, de crainte que la complaisance qu'il en auroit eue, ou les louanges et les applaudissemens qu'il en auroit reçus en ce monde ne diminuassent et même n'enlevassent la récompense qu'il espéroit en recevoir de la pure bonté et miséricorde de Dieu, dans le ciel.

Les pauvres clarisses ont aussi reçu de lui de fort grosses aumônes et des bienfaits considérables, et plusieurs autres familles religieuses qu'il n'est pas nécessaire de nommer et qu'on ne peut même bonnement faire, parce que suivant la susdite doctrine de l'Evangile, « il ne faisoit pas ses bonnes œuvres au son de la » trompette, pour estre vu et honoré des hommes, et .» que sa gauche ne sçavoit point ce que faisoit sa » droite, » ayant toujours eu un grand soin de faire secrètement ses charités, tant à l'endroit des personnes dévouées au service de Dieu qu'entre les autres pauvres et nécessiteux de la ville, dont il estoit vraiment le père, le protecteur et le refuge, comme il l'a fait paroître évidemment en l'administration des biens des hospitaux, et pendant tout le tems qu'il a exercé l'office de mayeur de la ville, et autres charges publiques, estant toujours fort soigneux, zélé et affectionné pour secourir et assister les pauvres dans leurs besoins; montrant beaucoup de condescendance et d'affabilité à

écouter leurs raisons et doléances; s'entremettant volontiers et avec plaisir à pacifier les différens, procès,
altercations et débats qui leur arrivoit, en quoi Dieu
lui avoit donné une grace toute singulière qu'il culti-
voit et employoit fidèlement. Aussi l'on déféroit tant à
sa prudence, capacité et prudhomie, que bien souvent
des partis fort animés les uns contre les autres se
remettoient entièrement à son jugement et à sa déci-
sion; de sorte qu'il semble qu'on peut avec juste raison
lui attribuer ces paroles comme au saint homme Job :
« Qu'il estoit revestu de la justice, et que l'équité qu'il
gardoit dans ses jugemens lui servoit comme d'un
vestement; qu'il estoit l'œil de l'aveugle et le pied du
boîteux; qu'il estoit le père des pauvres, et qu'il
s'instruisoit avec un extrême soin des affaires dont il
n'avoit pas la connoissance. »

Et ce n'estoit point sans grande raison que ceux du
menu peuple, et les pauvres et artisans avoient recours
à lui dans leurs difficultés, car il estoit naturellement
doux, bening, affable, ne méprisant et ne rebutant
jamais personne. Mais ce n'estoit pas seulement les
gens de petite et médiocre condition qui s'adressoient
à lui, car les principaux et les plus célèbres de la
ville se servoient aussi bien souvent de son conseil;
lui communiquoient leurs affaires de grande importance; le choisissoient pour l'arbitre de leurs différens;
recevoient ses avis et s'y soumettoient; le supplioient
de se trouver aux assemblées pour se rendre leur mé-
diateur, et terminer leurs démêlés, noises, procès, etc.
Il s'y comportoit avec tant de gravité, de dextérité et
de pénétration et d'intégrité, et rendoit raison de toutes

les choses qui lui estoient proposées avec un jugement
si net et si profond, qu'il se faisoit admirer et révérer
d'un chacun ; démeslant les causes les plus embarrassantes, développant les points les plus difficultueux,
et terminant généreusement, par son industrie, par sa
prudence, et sa grande patience et douceur, les affaires
les plus épineuses et les plus embarrassantes au contentement des parties.

M. Levasseur estoit d'une stature assez petite, d'un
tempérament bon, d'une complexion saine et robuste,
n'estant sujet à aucune maladie et infirmité, d'une
humeur gaye, d'une conversation agréable et aisée,
d'un accès doux et facile, et outre tout cela il estoit
doué d'un bel esprit, d'une mémoire rare, d'un jugement solide, et comme j'ai dit au commencement,
d'une ame bonne, généreuse et bienfaisante. Ne doutant point que tous ces dons estoient les plus purs
effets de la bonté de Dieu en son endroit, il lui en
estoit extrêmement reconnoissant, et bien loin de s'en
élever, il s'humilioit au contraire davantage et l'en
remercioit de tout son cœur, disant en soi-mesme :
« Dieu ne fait point tant de graces à tout le monde,
» et il ne leur a point donné tant de lumières [1]. »

Et puis, regardant ces dons comme des talens que
le souverain Maître et Seigneur, partant pour un long
voyage, lui avoit confiés, dont il lui demanderoit à son
retour un compte très exact, il tâchoit de les employer
fidèlement au service de Dieu et du prochain. Car il
fuyoit la paresse et l'oisiveté, il estoit ennemi de la
vie molle et sensuelle, disant qu'il estoit indigne d'un

[1] Non fecit taliter omni nationi, et judicia sua non manifestavit eis.

homme, surtout d'un chrétien, dont la vie doit estre une pénitence perpétuelle, de procurer avec soin les aises de son corps. Il évitoit la perte du tems, les longues conversations et divertissemens inutiles. Il haïssoit les excès du luxe, les superfluités, que les gens du grand monde aiment et recherchent passionnément. Il ne rougissoit point de porter le nom de chrétien et d'en faire publiquement les actions; il faisoit profession ouverte de bien servir Dieu, d'observer ponctuellement ce qu'il ordonne, et de fuir exactement ce qu'il défend dans ses commandemens. Sa principale occupation estoit de faire des bonnes œuvres, de s'adonner aux exercices de vertu et de piété chrétienne, et puis après de tâcher de se rendre utile au public, à ses proches parens et amis, en leur faisant tous les plaisirs et services qu'il pouvoit, et gardant pour eux une règle et une maxime inviolable de ne nuire et de n'offenser jamais personne, et de faire toujours plaisir et du bien à chacun.

Connoissant et estant fortement persuadé que le commencement et la source de la véritable sagesse estoit la crainte de Dieu, selon que Dieu mesme l'enseigne en presque une infinité d'endroits de la sainte Ecriture, et que tout bonheur arrive à celui qui tâche de le bien servir, de l'aimer et lui obéir. « La crainte de Dieu » est une fontaine de vie et un paradis de bénédic-» tions. La crainte de Dieu est la racine, la source, » le commencement, le principe de la sapience, elle » est la discipline, la plénitude, la fin et la couronne de » la vraie sagesse. Bienheureux est l'homme qui craint » Dieu, il n'y a personne qui puisse lui estre comparé. » M. Levasseur ayant ce grand et inestimable bonheur

de sentir la crainte de Dieu profondément gravée dans
son cœur, s'estoit prescrit une manière de vivre fort
chrétienne et fort exemplaire. Il recevoit fort souvent
et avec beaucoup de piété les sacremens de pénitence
et d'eucharistie, il assistoit tous les jours infailliblement
à la sainte messe avec une grande attention et réserve,
et mesme il en entendoit deux lorsque ses affaires le lui
permettoient; il récitoit tous les jours l'office canonique, et ne manquoit point de se trouver à certaines
actions publiques de piété et de dévotion, comme au
salut, aux méditations du caresme et autres prières qui
se faisoient pour gagner des pardons et indulgences,
en quoi il se rendoit si ponctuel et si exact, qu'en
quelque compagnie et action qu'il fût il s'en dépétroit
adroitement à l'heure et quittoit absolument tout pour
s'acquitter de son devoir de chrétien et de la dévotion
qui se présentoit.

Il avoit eu dessein, dès qu'il eust commencé à bastir
sa chartreuse, de prendre les ordres sacrés et de se
faire prestre, ayant pour cette fin obtenu dispense du
pape Paul v, par une bulle datée du 23 octobre 1617,
de toutes les irrégularités et autres obstacles qu'il pouvoit avoir encourus par l'expertise de judicature et autres
charges publiques, à cause desquelles il avoit esté obligé
d'assister plusieurs fois aux affaires criminelles, et de
se trouver aux jugemens et sentences de mort portées
contre des criminels. Cette bulle, avec un sceau de
plomb pendant, estoit adressée à M. l'official de Tournay, et lui enjoignoit de lever tous les empêchemens
que Jean Levasseur, son diocésain, avoit encourus pour
s'estre trouvé entre les juges des causes criminelles, et

de le réhabiliter, non seulement pour qu'il pût recevoir
les ordres sacrés et la prestrise, mais aussi pour posséder des bénéfices simples et avec charge d'ames, comme
aussi des prébendes et canonicats, et mesme des dignités
dans les églises collégiales, cathédrales ou métropoli-
taines, et de le remettre dans l'estat qu'il estoit auparavant qu'il exerçât les dites charges publiques, à condition néanmoins qu'il désistât de les exercer.

Environ un demi an après qu'il avoit obtenu cette
bulle, il en obtint une seconde du mesme pape, datée
du 16 avril 1618, par laquelle, après l'avoir absous
de toutes les censures ecclésiastiques dont il pouvoit
estre lié, Sa Sainteté lui donnoit la permission, moyennant d'estre jugé capable par le témoignage de ses
mœurs, de recevoir les ordres sacrés et la prestrise
de son ordinaire, ou de quelque autre évesque catholique ayant la grace et la communion du saint Siége,
dans quel tems de l'année que ce fût et sans garder
les interstices, encore bien qu'il n'auroit point exercé
l'ordre qu'il avoit reçu auparavant d'en exercer un autre.

Ces deux bulles font clairement voir que M. Levasseur
a véritablement eu la volonté de recevoir les ordres
sacrés et de servir Dieu dans l'estat ecclésiastique. L'on
a cru que ce qui l'a fait changer de dessein a esté la
peur qu'il eût qu'en prenant la soutane et la prestrise
les puissans amis qu'il avoit à la cour ne s'employassent
pour l'élever à quelque dignité ecclésiastique qu'il fuyoit,
n'aimant rien qui eut de l'éclat et ne se plaisant que
dans la petitesse et médiocrité. Cette croyance estoit
fondée sur ce qu'on sçavoit que sa vertu et ses mérites
l'ayant mis bien avant dans les bonnes graces et dans

l'estime de l'archiduc Albert, il n'auroit point esté difficile d'en obtenir tous les bénéfices et telle dignité
qu'on lui auroit demandés pour M. Levasseur, et c'est
ce qui a donné lieu au bruit qui a couru partout,
lorsqu'on sçut qu'il se préparoit pour prendre les ordres,
que lorsqu'il seroit prestre, le siège d'Arras venant à
vaquer, ce seroit infailliblement lui qui seroit nommé
évesque. M. Levasseur ne fit jamais attention à ce
bruit, et rejeta toujours bien loin cette opinion qui
avoit couru qu'il seroit nommé évesque, disant qu'il
admiroit qu'il y eut des hommes assez simples pour
croire cela; et qu'il ne reconnoissoit d'avoir aucune
de tant d'éminentes qualités qu'il faut nécessairement
posséder pour porter dignement le fardeau épiscopal,
dont les anges mesme redouteroient de se charger; et
que l'archiduc estoit trop éclairé et trop zélé pour faire
choix d'une personne de si petite capacité et de si peu
de mérites, pour remplir le siége épiscopal d'Arras
ou quelque autre Eglise. Mais il ne rejetta pas que
ç'avoit esté l'appréhension d'estre avancé dans l'estat
ecclésiastique qui l'avoit détourné de s'y mettre, parce
qu'il sçavoit dans son ame que c'estoit la vérité. Car
s'entretenant un jour familièrement avec un sien ami
et confident sur cette matière et sur le susdit bruit
qui s'estoit répandu, il avoua ingénuement que ce
n'avoit esté que la crainte d'estre élevé aux dignités
de l'Eglise qui l'avoit fait quitter la résolution qu'il
avoit prise de prendre la soutane et les ordres sacrés,
et il ajouta ces terribles paroles proférées par un saint :
*Si fuissem de numero prælatorum, forsitan essem de nu-
mero damnatorum.* On peut voir aisément de tout ceci

qu'il falloit de toute nécessité quil eut un grand fond de
sagesse et de vertu, particulièrement d'humilité et de
méfiance de soi-mesme, pour apporter autant de soin
et d'industrie pour éviter et s'exempter des dignités que
plusieurs en apportent pour les obtenir; mais encore
bien qu'il ne reçust pas les ordres sacrés, il demeura
constamment dans le veuvage, et s'est assujetti pour toute
sa vie à la récitation des heures canoniales, comme
s'il les avoit reçus, et mesme il s'étudioit avec autant
de soin et d'exactitude de lire posément et attentivement
son Bréviaire que s'il y avoit esté obligé, quoiqu'il n'en
eust aucune obligation, n'ayant ni les ordres ni aucun
bénéfice, et ne s'y estant engagé que par le seul motif
de dévotion, selon qu'il l'a lui même plusieurs fois
déclaré.

La suite a bien fait connoître que M. Levasseur avoit
juste raison de craindre, que prenant les ordres sacrés
et la prestrise, le sérénissime archiduc ne l'auroit élevé
aux premières dignités de l'Eglise; car ce vertueux
prince, qui avoit un désir et un soin particulier de
donner les charges aux personnes qui les méritoient,
estant informé des belles qualités de M. Levasseur, et
surtout de son intégrité et prudente économie, voulut
l'employer au maniement de ses finances, ainsi qu'il
lui fit signifier par M. d'Ongnies, comte de Coupigny,
chef d'icelles. Mais lui, qui n'avoit pas l'esprit du monde
et qui abhorroit les grandeurs et les vanités de la cour,
remercia très humblement le dit seigneur comte de
ce qu'il s'estoit bien voulu entremettre pour lui procurer cette charge, et le pria aussi très humblement
de remercier son altesse du grand honneur qu'elle vou-

loit bien lui faire, le choisissant commis de ses finances, dont il se jugeoit très incapable et très indigne.

Mais l'archiduc estant alors malade de la maladie dont il est mort le 13 de juillet 1621, M. le comte de Coupigny ne lui parla pas davantage de l'affaire de M. Levasseur, et, nonobstant son refus et ses remercie-mens, ne laissa pas de lui offrir ses services pour la poursuite de cette charge auprès de la sérénissime infante, et mesme de l'exhorter à accepter ce dont on vouloit le gratifier, par une lettre qu'il lui escrivit le 30 du dit mois de juillet 1621, dix sept jours après la mort de l'archiduc [1].

Le vénérable père Dom Bruno Doutelair, qui de prieur de la chartreuse de Gosnay, dont il estoit profès, avoit esté fait prieur de celle de Bruxelles, par l'acte du chapitre général de l'an 1621, a été beaucoup

[1] En voici la copie : « Monsieur, c'est la vérité que j'ai rendu quelques » devoirs en votre faveur pour la charge ou l'estat de commis des finances, » et dès auparavant la mort de l'archiduc, notre bon maitre, l'affaire » estoit en bons termes; le révérend père confesseur de la sérénissime » infante nous ayant depuis secondé en cette poursuite, et bien je ne puis » nier la sincère et cordiale affection que j'ai à votre bien et avancement, » si est-ce que je proteste avoir eu en ce sujet plus d'égard au service de » son altesse et du pays, et au bien de notre collége, qu'au vôtre ni au » mien propre, estimant tellement votre discrétion et vertu, que vous » postposerez votre intérest, repos et contentement particulier à celui du » public, auquel, au jugement de tous vos amis, vous pouvez estre utile, » voir très utile en cette condition. Je me confie donc que vous ne vous » en resterez pas aux excuses que vous alléguez, trop foibles pour résister » à une si honorable vocation, et par ainsi nous de la procurer et conjurer » vos bons desseins et louables intentions de s'y conformer. Vous baisant » très cordialement les mains, et de la même affection que je serai jusqu'au » dernier soupir, votre très parfait et ancien ami à faire service,

» CLAUDE D'OIGNIES. »

4

entremis dans cette affaire, tant de la part du dit seigneur comte de Coupigny et des parens et amis de
M. Levasseur, afin qu'il taschât de l'induire et de lui
persuader d'accepter la très honorable charge qui lui
estoit présentée, et dont la sérénissime infante estoit
informée, que de la part de M. Levasseur, dont il
avoit gagné l'amitié estant à Gosnay, pour qu'il remerciât
M. le comte de Coupigny, lui envoyant les lettres qu'il
lui escrivoit sur ce sujet, pour qu'il les mît lui mesme
entre ses mains, et le pria très instamment de s'entremettre, non point pour lui procurer cette charge, toute
recherchée et honorable qu'elle fust, mais plutôt pour
la détourner de ses épaules et empescher qu'elle ne
lui fust imposée, lui alléguant pour raison que son
humeur et son esprit n'estoient point fait à l'air et
à l'esprit de la cour, et qu'ayant commencé de bastir
une nouvelle chartreuse, ce seroit résister à la volonté
de Dieu qui lui estoit manifestement connue, que de
laisser cette œuvre imparfaite et l'exposer à la censure
des hommes qui ne manqueroient pas de dire librement leur sentiment, s'ils le voyoient changer son pieux
dessein, et de se moquer de lui, ainsi que Notre-
Seigneur dit dans son Evangile, qu'on s'est moqué de
celui qui ayant commencé d'élever une tour n'a pas
pu l'achever, ni la mettre dans sa perfection.

M. de Coupigny, ne se rendant point à ces raisons,
fit dire à M. Levasseur, par l'entremise du mesme
révérend père prieur, que l'appréhension qu'il avoit de
venir à la cour estoit vaine et sans fondement, puisqu'il
pouvoit s'assurer qu'il seroit très agréablement reçu
de MM. des finances, et que mesme ils souhaitoient

tous de l'avoir dans leur compagnie, et que pour ce qui estoit des bastimens de la chartreuse, il pouvoit en confier la direction à quelques amis fidèles, qui lui rendroient compte de toutes choses, et que cela ne requéroit point une présence assidue et continuelle. Puis, après une assez longue conférence sur cette matière, M. de Coupigny dit en riant au dit père prieur : « M. Levasseur refuse cette charge qu'on lui présente » et que l'on prie d'accepter, et quelqu'un m'a voulu » donner cinq mille escus, ou douze mille florins, pour » que je m'employasse à la lui faire avoir. » M. Levasseur, ayant appris cela de Dom Bruno Doutelair, prieur de Bruxelles, le pria de dire à M. le comte de Coupigny que le refus d'une somme si considérable qu'on lui avoit présentée pour cette charge augmentoit de beaucoup l'obligation qu'il lui devoit de la lui avoir voulu procurer, mais que pour lui il en donneroit autant, c'est-à-dire douze mille florins, pour qu'il l'en exemptât s'il devoit l'avoir, ou qu'il l'en déchargeât s'il en estoit pourvu, et lui témoigner et l'assurer de sa part, avec toute la reconnoissance et le respect qu'il lui devoit, qu'il ne pouvoit lui faire un plus grand ni un plus sensible plaisir que de le laisser passer sa vie dans l'estat médiocre où il estoit, et que toute son ambition et tout son contentement estoit de rendre les petits services dont il estoit capable à ses amis et concitoyens, de s'appliquer à la direction et à l'avancement de sa chère chartreuse. Après quoi M. le comte de Coupigny dit au dit père prieur, que puisque M. Levasseur avoit tant de répugnance de cette charge et de venir à la cour, qu'il ne l'en presseroit pas davan-

tage et le laisseroit mener une vie tranquille dans sa
ville, et le pria de lui dire que tout ce qu'il lui en
avoit fait estoit pour le servir et l'obliger, et non point
pour le déservir et le désobliger ou lui causer le
moindre chagrin.

Il est vrai que M. le comte de Coupigny portoit
depuis longtems de l'amitié et de l'estime pour M. Levasseur, comme l'on peut voir par ce que l'on vient
de dire ; mais il n'y a point de doute que son amitié
et son estime ne s'augmentoient encore notablement
lorsque par cette constance à refuser la charge de commis des finances, il vit son désintéressement, son aver-
sion pour les honneurs du monde, son éloignement
des vanités de la cour et les autres vertus vraiment
chrétiennes dont son ame estoit animée. Aussi il remettoit à ses soins, avec une entière confiance, tout ce
qu'il avoit à faire au quartier de Lille, soit pour l'administration de ses biens et revenus, soit pour d'autres
affaires importantes qu'il avoit à démesler avec MM. des
estats et du magistrat de Lille, auxquelles sa charge
de chef des finances l'engageoit, l'appelant en toutes
ses lettres son fidèle, son ancien et le plus cordial
ami, et s'intitulant aussi lui mesme et se signant ainsi
à l'égard de M. Levasseur. Ce seigneur ne pouvoit
donner une marque plus évidente de la sincère et
entière confiance qu'il avoit envers M. Levasseur, que
celle qu'il donna dans son testament qu'il fit, conjointement avec madame Anne de Croy, son épouse,
à Bruxelles, le 16 de septembre 1636, peu de tems
devant sa mort, par lequel testament, après avoir
dénommé M. le trésorier général des finances et un

conseiller du Conseil privé de Sa Majesté, pour exécu-
teurs testamentaires, et leur avoir recommandé le soin
de ses enfans et de madame son épouse, au cas qu'elle
vécût après lui, il pria aussi M. Levasseur de prendre
soin de ses affaires en ces termes : « Recommandant
» et priant pareillement M. Levasseur, notre ancien
» ami à Lille, de ensuite de la cordialité, amitié et
» affection qu'il nous a témoignées de tout tems, de
» vouloir aussi aider en la direction de nos biens et
» des affaires qui se présenteront par de là selon la
» confiance que nous avons en lui. »

Cette confiance n'a point esté vaine, car madame sa
veuve ayant quelques prétentions sur MM. des estats de
Lille, à cause de quelque refournissement d'une somme
assez considérable qu'ils devoient à M. son mari, elle
escrivit peu de jours après sa mort une lettre, en date
du 17 octobre 1636, par laquelle elle le prioit, ensuite
de la sincère amitié que feu M. son mari, le comte
de Coupigny, lui avoit portée, et dont il avoit donné
des marques peu auparavant de mourir en lui recommandant ses affaires, et lui ayant dit à elle mesme
de suivre ses avis dans les affaires qu'elle pourroit
avoir, de prendre le soin de ses intérests, et de s'employer pour que MM. des estats lui fissent au plus tôt
le paicment de la somme qu'elle prétendoit d'eux ; ce
que M. Levasseur fit fort honnestement, y apportant
plus de soin et de diligence que si la chose avoit
appartenu à lui mesme.

L'on ne sçait point si ç'a été par le canal de M. le
comte de Coupigny, ou par le rapport de quelque
autre seigneur de la cour que M. Levasseur a pu

s'attirer l'affection et l'estime de la sérénissime infante,
dont elle a bien voulu l'assurer par une lettre qu'elle
a escrite en sa faveur à M. le comte d'Isenghem,
gouverneur des villes et chatellenie de Lille, Douay
et Orchies, pour qu'il le fît et le nommât mayeur de
la ville, au renouvellement de la loi qui devoit se
faire en bref; par laquelle lettre, cette grande princesse
le loue de la capacité et des bons services qu'il a rendus
à la ville, au grand contentement d'un chacun [1].

M. Levasseur ayant, comme l'on peut voir par ce
qui est dit ci dessus, borné tous ses désirs et toute
son ambition à rendre ses services à la ville, crut
qu'après s'estre excusé d'accepter la charge aux finances
qu'on lui avoit présentée, on le laisseroit tranquillement servir dans le magistrat, aussi longtems qu'il
le pourroit, sans lui parler davantage de la cour et
d'emplois plus grands et plus honorables que ceux qu'il
avoit à Lille. Néanmoins, après la mort de la dernière
infante, arrivée le 1er de décembre 1633, M. le pré-
sident *Vose*, estant en faveur et en grand crédit auprès
de Philippe IV, roi d'Espagne et prince des Pays-Bas,

[1] Voici la teneur de cette lettre : « Très cher et bien aimé, ayant Jean
» Levasseur, escuyer, seigneur de la Boutillerie, Rabodanges, donné de
» très bonnes preuves de sa capacité et suffisance en diverses occasions,
» que dès longtems il a fort honorablement et avec grande satisfaction
» de service au magistrat de Lille, mesme plusieurs fois celle de mayeur,
» comme il vous est assez connu; nous sommes mus, tant pour le bien
» commun de la dite ville que du service de Sa Majesté, de vous faire
» cette, afin que lui confériez encore la dite place de mayeur au prochain
» renouvellement du magistrat de Lille, et nous le recevrons de vous à
» chose bien agréable. A tant que Dieu vous ait à sa sainte garde. De
» Bruxelles, le 21 oct. 1628.
                                         » ISABELLE. »

a demandé et recherché M. Levasseur pour l'employer
et le mettre bien avant dans les affaires d'estat, de
quoi M. Levasseur l'ayant très humblement remercié,
alléguant, comme il avoit fait ci devant, son peu de
connoissance pour ces sortes d'affaires et l'incompa-
tibilité de son génie à celui de la cour, il lui fit dire
et il lui escrivit que ses excuses n'estoient point valables,
et qu'il estoit obligé d'employer les talens que Dieu
lui avoit donnés pour le service du roi et de la patrie.
M. Levasseur l'en remercia une seconde fois avec des
termes pleins de respect et de reconnoissance, il lui
dit que jusqu'alors il ne croyoit point qu'on pût justement lui reprocher de n'avoir point servi son prince
et sa patrie selon sa petite portée, et qu'il espéroit de
ne manquer jamais à ce juste devoir jusqu'au dernier
moment de sa vie. Ce qui est ainsi arrivé, puisqu'il
est décédé en l'année qu'il exerçoit l'office de mayeur,
ou de chef du magistrat de la ville de Lille, pour la
dixième fois.

Car sa prudence, sa douceur, son affabilité qui le
rendoient tout à tous, et ses autres belles qualités,
dont il est parlé ci dessus, qui paroissoient en ses
paroles, en ses manières obligeantes, et en toute la
conduite de sa vie si chrétienne et si exemplaire lui
ayant gagné l'affection et la vénération de toute la
ville; et puis son adresse à terminer les procès et à
pacifier toutes choses l'ayant mis en estime et en grande
réputation auprès de MM. les commissaires au renouvellement de la loi, cela fut cause que depuis l'année
1596, en laquelle il a esté fait prudhomme, qu'on
appelle ordinairement huit hommes parce qu'ils sont

huit élus et nommés par les quatre pasteurs des quatre
anciennes paroisses de la ville, qui sont Saint-Pierre,
Saint-Etienne, Saint-Maurice et Saint-Sauveur; jusqu'à
l'année 1644, en laquelle il mourut mayeur, il a esté
presque toujours du magistrat en diverses qualités,
sçavoir, huit homme, six fois; eschevin, trois fois;
du conseil, neuf fois; juré, dix fois; rewart, deux
fois; mayeur, dix fois; toutes lesquelles charges il a
exercé avec tant de satisfaction des bourgeois et avec
un applaudissement si général de toute la ville, que
si la voix populaire eust esté écoutée et suivie, et que
les loix et usances du pays l'eussent permis, il n'auroit jamais désisté d'estre mayeur, parce qu'un chacun
l'auroit réclamé et proclamé digne d'estre toujours
maintenu et continué dans cette charge.

C'est une chose rare et fort inusitée parmi les gens
du grand monde d'estre humble, de s'estudier à l'humilité, d'avoir et de nourrir de bas sentimens de soi
mesme; car cela répugne directement à la vanité et
à l'esprit du monde, l'on peut néanmoins dire avec
vérité que M. Levasseur avoit cette vertu imprimée
fort avant dans son cœur, puisqu'il sembloit mesme
en faire une profession ouverte, et parlant très souvent
d'elle; la louant, l'extollant, reconnoissant qu'elle estoit
absolument nécessaire pour plaire à Dieu, et avouant
qu'il estoit très difficile et mesme impossible de faire
son salut sans elle. C'est pourquoi il avoit souvent en
sa bouche, et sans doute encore plus souvent dans son
esprit, quelques sentences de l'Evangile dans lesquelles
Notre-Seigneur nous dit, nous enseigne et nous exhorte
d'estre humble, comme : « *Discite a me quia mitis*

» *sum et humilis corde : qui se humiliat exaltabitur :*
» *beati pauperes spiritu quoniam ipsorum est regnum*
» *cœlorum.* » Mais principalement et plus souvent celle
ci : « *Nisi conversi fueritis et efficiamini sicut parvuli*
» *non intrabitis in regnum cœlorum.* » Terribles paroles,
» disoit-il, et paroles foudroyantes, que nous aurions
» peine de recevoir et de croire, si elles n'estoient
» sorties et si elles n'avoient esté prononcées par la
» bouche du Fils de Dieu, qui est la vérité mesme.
« Que nous n'entrerons point dans le royaume des
» cieux, à moins que nous ne devinssions comme des
» enfans, c'est-à-dire simples, doux, traitables comme
» eux, humbles, dociles et contens de peu comme
» eux; sans fiel, sans malice et sans ambition comme
» eux. » Puis donc que contre la coutume des hommes
qui vivent selon l'esprit du monde, M. Levasseur parloit si souvent et si volontiers de l'humilité, puisqu'il
estimoit et relevoit tant son mérite, l'on ne doit et
l'on ne peut douter qu'il n'avoit l'amour de cette vertu
gravé profondément dans son cœur, et que c'estoit
vraiment de l'abondance de son esprit que sa bouche
parloit ainsi. L'on ne peut mesme douter que cette
noble vertu ne fît le sujet ordinaire de ses méditations et qu'elle n'entrât très souvent dans ses pensées,
afin que se souvenant toujours d'elle, il taschât de la
pratiquer et de l'exprimer en toutes ses actions, et que
la très subtile et très pernicieuse tentation d'orgueil et
de présomption ne trouvât jamais lieu de le surprendre,
de l'attaquer et de lui ravir le mérite de toutes les
bonnes œuvres, dont il avoit un extrême soin de donner
toute la gloire à Dieu comme à celui à qui seul elle

appartient, et de ne s'attribuer rien que de la confusion
de ce que ce grand Dieu, à qui les anges et les plus
ardens séraphins s'estiment très honorés d'obéir avec
une soumission incontestable, vouloit bien se servir
d'une créature aussi chétive qu'il se jugeoit estre, pour
faire quelque chose dont sa Majesté pût recevoir quelque
honneur.

De là vient que nonobstant les béaux et excellens
dons de la nature, dont il estoit favorablement par-
tagé, nonobstant les dons acquis par ses peines et les
grâces surnaturelles dont il estoit doué, qui le rendoient recommandable et le mettoient partout en grande
réputation; nonobstant les charges honorables qu'il exerçoit avec l'approbation de tout le monde, il conservoit
soigneusement des bas sentimens de soi mesme, et se
plaisoit aux choses qui paroissoient petites, basses,
abjectes, et comme il estoit d'une taille et corpulence
assez petite, il prenoit de là occasion de s'humilier et
de dire gracieusement qu'il estoit trop petit pour se
mêler de choses grandes, ou pour converser avec les
grands, et que sa stature l'enseignoit que c'estoit son
vrai fait de se mettre au rang des petits, des simples
et des pauvres.

En effet, quand il estoit à la Boutillerie, il conversoit
familièrement avec les paysans mesme les plus gros-
siers et les plus rustaux avec une grande naïveté; il
ne dédaignoit et ne rebutoit personne, ostoit son cha-
peau au moindre qui le saluoit, leur parloit bien souvent
et mesme le premier, s'inquiétait de leur santé, de leur
petite famille, de leurs affaires, s'il sçavoit qu'ils en
avoient; estoit prompt et volontaire à entendre leurs

raisons, et leur donner conseil, à les aider dans leurs
besoins; enfin, il se rendoit affable, doux et gracieux
à un chacun. Entre ces paysans il y en avoit un à qui
il avoit levé un enfant sur les fonds de baptême, et
qui, voyant que M. Levasseur l'appeloit son compère,
ne le traitoit jamais aussi autrement que de compère
Vasseur; s'il le rencontroit le matin, il lui disoit, et
mesme crioit d'assez loin : bonjour compère Vasseur;
s'il le voyoit le soir, il lui disoit : bonsoir compère Vasseur, et en usoit ainsi en toutes rencontres; et comme
un jour quelques personnes qui estoient avec M. Levasseur voulurent le reprendre, lui disant que c'estoit avec
des gens de sa condition, et non point avec une personne aussi honorable qu'estoit M. Levasseur, qu'il
falloit agir d'une manière si familière et comme avec
ses égaux; M. Levasseur leur dit que ce paysan lui
faisoit plus de plaisir en agissant ainsi tout bonnement
et l'appelant son compère, que bien d'autres qui le
traitoient de seigneur, et lui disoient : votre seigneurie a
dit ou fait cela, ou qui lui faisoient d'autres complimens,
qu'il avoit peine d'entendre et qui le gênoient beaucoup, parce qu'estant extresmement ami de la simplicité
et candeur, il estoit par conséquent ennemi des complimens, dont la plupart n'ont pas une demi once de
sincérité et de vérité.

Lorsqu'il estoit à Lille, quoique son âge avancé, avec
les charges et dignités publiques qu'il avoit exercées et
qu'il exerçoit actuellement, dussent le dispenser d'aller
à pied par les rues de la ville, il le faisoit néanmoins,
et marchoit fort modestement ainsi qu'un simple bourgeois; et comme on lui représentoit qu'il devoit se ser-

vir de son carrosse pour le soulagement de sa vieillesse
et pour l'honneur de sa famille et de sa charge, il
répondoit qu'il aimoit la petitesse et la simplicité, et
que tout ce qui avoit quelque faste et de l'esclat lui
faisoit de la peïue. Mais quand il n'auroit point dit qu'il
aimoit tout ce qui paroissoit petit et simple, la maison
où il s'estoit retiré, dix ou douze ans avant sa mort,
qui estoit petite et estroite ; la chambre où il couchoit,
son lit, son comptoir ou cabinet et l'escalier pour y
monter, qui estoit chétif et incommode, rendoient suffisamment témoignage de cette vérité, et montroient
évidemment que son cœur estoit entièrement dégagé de
la vanité du siècle, et qu'il ressentoit beaucoup plus
l'esprit de l'Evangile et l'air du ciel que celui du monde.

Toutes ces choses avant dites, et une infinité d'autres,
qui ne sont pas connues des hommes, mais de Dieu,
pour qui seul il les faisoit, doivent faire clairement
voir que l'honnesteté et l'humilité lui estoient très
chères, qu'il en sçavoit parfaitement le prix, la beauté
et le mérite, et qu'il pouvoit dire avec juste raison
de ces vertus ce que Salomon dit de la sagesse : « Je
» l'ai aimée, je l'ai recherchée et pratiquée dès ma
» jeunesse ; j'ai tasché de l'avoir pour épouse et pour
» compagne de toutes mes actions : Je suis devenu
» l'amateur de sa beauté, et ne l'ai voulu quitter pour
» toutes les choses du monde. *Hanc amavi et exquisivi*
» *à juventute meâ, et quæsivi sponsam eam mihi assumere,*
» *et amator factus sum formæ illius.* » Quelle marque
et quelle preuve plus convainquante pourrait-on avoir
qu'une ame est vraiment humble, que lorsqu'elle ne
s'oublie point de ce qu'elle est, et a soin de garder

l'humilité au milieu des applaudissemens qu'on lui donne. « Il n'est point rare, dit saint Bernard, de » voir qu'on soit humble lorsqu'on se trouve dans l'ab- » jection, dans la pauvreté, dans le mépris et dans » l'adversité ; mais c'est une vertu tout à fait grande » dans l'abondance de toutes choses, dans la gloire et » dans les honneurs. *Non magnum est esse humilem in* » *abjectione, sed magna prorsùs et rara virtus humi-* » *litas honorata.* » C'est par cette marque qu'on peut juger combien estoit grande l'humilité de M. Levasseur, et combien elle estoit profondément enracinée dans son cœur, puisque les premières charges d'une très belle et très grande ville comme est Lille, et d'autres encore plus honorables qu'on lui a présentées à la cour et qu'il a généreusement refusées, n'estoient point capables d'élever son esprit, ni de lui faire perdre les bas sen- timens qu'il avoit de soi mesme, ni d'oublier sa chère humilité et simplicité. *Amator factus erat formæ illius.*

Or, tant plus il s'abaissoit, plus il méprisoit les pompes du siècle et les paradis extérieurs plus l'hon- neur, suivant et accompagnant souvent la vertu, plus il estoit aimé d'un chacun, grands et petits, à la réserve néanmoins de quelques sages mondains qui, désirant de paroître et de prendre un vol au dessus de leur portée, ne pouvoient souffrir sa gloire et dis- simuler le chagrin dont ils estoient rongés, voyant qu'il leur estoit préféré dans les charges publiques qu'ils briguaient ; et, poussés d'envie, méprisoient et railloient ses façons de faire, disant qu'il estoit plus propre à porter un habit de moine dans un monastère que de paroître à la teste de plus de quarante personnes

notables et distinguées par leur science, par leur noblesse
et l'ancienneté de leurs familles, qui composent le magistrat de Lille. C'est pourquoi, par mépris et dérision,
ils l'appeloient *frère Jean.*

Leur passion ne s'est point contentée de le qualifier
de moine ou de frère Jean; mais elle les a porté jusqu'à
lui dire des paroles injurieuses, et mesme jusqu'à inven-
ter des calomnies et lui imposer des actions indignes
d'un honneste homme, et ignominieuses. Mais Dieu, qui
tire sa gloire de toutes choses, et qui permet que ses
serviteurs soient persécutés et outragés par les méchans
afin d'éprouver leur constance, permettoit que M. Levasseur fust ainsi maltraité et outragé, pour qu'il eust
occasion de lui donner des marques de sa fidélité à
son service, et afin de faire voir aux hommes la solidité de sa vertu, en lui donnant la grâce de supporter
toutes les injures qu'on lui disoit avec une patience
exemplaire, et de les remettre et pardonner avec une
générosité et magnanimité vraiment chrétienne, sans
en demander ni procurer aucune réparation d'honneur,
comme il le pouvoit faire légitimement pour le respect
du rang qu'il tenoit dans le magistrat, et comme ses
parens et amis non seulement le lui conseilloient, mais
mesme lui disoient qu'il y estoit obligé.

Mais lui qui faisoit gloire d'estre chrétien, et qui
ne rougissoit point de paroître tel devant les hommes,
pour que le Fils de Dieu ne rougisse point de le
reconnoître pour son serviteur au jour de son jugement, rejetoit tous les mouvemens de la nature et de
l'amour propre, et tous les ressentimens humains qui
le portoient à se venger, ou du moins de se justifier

devant les hommes de tout ce qu'on lui avoit imposé,
il rejetoit tous les conseils que la chair et le sang ne
manquoient point de lui donner, pour n'écouter et ne
suivre que celui que Notre-Seigneur nous donne dans
son Evangile; qui est d'aimer nos ennemis, de faire
du bien à ceux qui nous haïssent, de prier pour ceux
qui nous persécutent et nous chargent de calomnies,
afin d'avoir le bonheur d'estre du nombre des enfans
du Père céleste, qui fait reluire son soleil sur les bons
et sur les méchans, et qui donne sa pluie également
aux justes et aux injustes. *Diligite inimicos vestros :
benefacite iis qui oderunt vos ; orate pro persequentibus
et calomniantibus vos, ut sitis filii patris vestri, qui solem
suum oriri facit super bonos et malos, et pluit super
justos et injustos.* Aussi, ayant un jour l'occasion de
traiter rudement un particulier qui l'avoit le plus offensé
et de le faire repentir de ce qu'il l'avoit offensé, il se
contenta de lui remontrer avec douceur le tort et l'in-
jure qu'il lui avoit fait par ses discours insolens; et
puis il lui dit modestement : « Si j'estois tel que vous
» m'avez descrié, je mériterois d'estre puni exemplaire-
» ment sur la grande place de Lille. »

Ces paroles, dites par M. Levasseur, doivent faire
remarquer deux choses : l'une qu'il faut que ce qu'on
lui avoit imposé fut grief et allast jusqu'au crime,
puisqu'il dit que s'il avoit esté tel que ses ennemis le
disoient et le vouloient faire passer, il auroit mérité
d'estre puni et chastié sur la place publique ou sur le
marché, où l'on punit ordinairement les criminels et
les malfaiteurs; l'autre qu'il faut croire qu'il sçavoit
parfaitement bien se posséder pour ne point se laisser

aller à quelque emportement de colère, mais agir avec douceur et modération envers celui qui avoit osé le calomnier, le noircir et décrier ouvertement et injustement. L'on peut aussi croire que comme il avoit l'esprit vif et actif, il estoit d'un tempérament prompt et sanguin, il avoit beaucoup dû travailler et prier pour se vaincre soi mesme, pour modérer cette promptitude naturelle, pour réprimer les premiers mouvemens et saillies de son esprit, et pour acquérir cette patience et cette douceur qui paroissoit en toutes ses paroles et actions, mesme lorsqu'il estoit attaqué de calomnies et d'injures. C'est pour cette raison que, connoissant l'inclination naturelle qu'il avoit à la promptitude et aux premiers mouvemens d'impatience, et sçachant que parmi le grand nombre d'ouvriers qu'il employoit à la chartreuse il y trouveroit souvent des occasions de tomber dans ces défauts et de se fascher, d'autant que la plupart négligent de travailler comme ils sont obligés de faire, si on n'est près d'eux et si on ne les regarde continuellement. Il fit mettre un collier de sonnette à un petit chien qu'il avoit et qu'il menoit partout, pour que les ouvriers entendant ce chien venir par le bruit des sonnettes fussent avertis que M. Levasseur n'estoit pas loin de là, se missent aussitôt à faire exactement leur devoir, et que lui venant à eux et les trouvant tous occupés, comme ils devoient, à leur ouvrage, il n'eust sujet de se fascher, ni de s'impatienter, ni de les reprendre rudement, ni de sortir, par conséquent, des bornes de la douceur et de l'humilité qu'il aimoit, et qu'il s'estudioit avec beaucoup de soin de pratiquer, afin de se rendre l'imitateur et le fidèle disciple de

ce grand Maître qui dit : « Apprenez de moi que je
» suis doux et humble de cœur ; » et afin d'avoir le
bonheur d'estre dirigé en toutes ses actions et instruit
en tous ses doutes par celui qui, estant la douceur et
la droiture mesme, conduira dans la justice ceux qui
sont dociles, selon qu'il le promet par son prophète,
« et enseignera ses voies à ceux qui sont doux : *Dulcis*
» *et rectus Dominus, diriget mansuetos in judicio docebit*
» *mites vias suas.* » Car il n'ignoroit point que la plus
grande grace que Dieu puisse faire à une ame est de
l'éclairer pour connoître, et de la fortifier pour exécuter
fidèlement sa sainte volonté ; et il estimoit, suivant ce
que dit ce mesme prophète-roi, « celui-là de tous les
» hommes le plus heureux, que Dieu lui mesme daigne
» instruire, et à qui il veut bien enseigner sa loi.
» *Beatus homo quem tu erudieris, Domine, docebit mites*
» *vias suas, et de lege tuâ docueris eum.* » Et voilà
pourquoi il disoit souvent, et de toute l'étendue de
son cœur : « *Vias tuas, Domine, demonstra mihi, et semitas*
» *tuas edoce me : dirige me in veritate tuâ et edoce me.*
» Montrez-moi, Seigneur, vos voies, et enseignez-moi
» le chemin que vous voulez que je tienne, conduisez-
» moi, parce que vous estes mon Dieu et mon Sauveur,
» et que j'attends constamment votre secours. »

La vie parfaitement bien réglée que M. Levasseur
a toujours menée, les premières charges de la ville dont
il s'est toujours dignement acquitté, la grande entreprise
de la fondation d'une nouvelle chartreuse qu'il a généreusement commencée, poursuivie et achevée, ainsi que
l'on verra dans la suite, témoignent et prouvent assez
ouvertement que Dieu avoit pris soin de sa conduite,

5

qu'il lui avoit montré les voies qu'il devoit tenir, qu'il
l'avoit instruit et lui avoit enseigné l'usage qu'il vouloit
qu'il fît des biens temporels qu'il lui avoit donnés par
la succession de ses père et mère, et d'autres proches
parens, et par de nouvelles acquisitions qu'il fit par
sa sage et prudente administration, car il seroit difficile
de trouver un homme qui sçust ménager mieux son
bien, et avec plus de prudence que lui. On ne sçauroit
considérer l'exactitude avec laquelle il notoit et escrivoit
tout ce qu'il recevoit de ses fermiers, en bled, chapons,
argent, selon les différentes appréciations des années;
on ne sçauroit aussi voir et lire dans les papiers qu'il a
laissés, la diligence qu'il apportoit à marquer sa dépense
et l'usage qu'il faisoit de son revenu, jusqu'à spécifier
tous les mets et tous les plats qui furent servis le jour
de ses noces et le lendemain, avec le nombre des personnes invitées, et d'autres particularités semblables
qu'il mettoit en mémoire en toutes rencontres, sans
admirer sa ponctualité à noter toutes choses, mesme
quelquefois jusqu'aux plus petites; et l'on jugeroit qu'il
ne se regardoit point comme maître et propriétaire,
mais comme économe et dispensateur du bien qu'il
avoit reçu, et qu'il se préparoit à rendre un jour un
compte très exact à celui qui lui en avoit confié l'administration et qui lui diroit : *Redde rationem villica-
tionis tuæ.*

M. Levasseur avoit le cœur grand, honnête, généreux ; il ne s'arrêtoit point à la bagatelle quand il
s'agissoit de faire bien et honorablement quelque chose ;
mais hors de là il ne pouvoit souffrir que la moindre
chose fut perdue ou employée inutilement, jusque là

que voyant un jour un valet prendre une allumette
soufrée aux deux bouts, pour allumer du feu, et
qu'après l'avoir allumé avec un bout il jetoit l'autre
dans le feu, il lui dit que cela lui déplaisoit et que
ce reste d'allumette pouvoit servir encore une fois pour
allumer le feu. Et comme ce valet lui répondit que
ce bout estoit si peu de chose et de si peu de valeur
qu'il ne méritoit point qu'on prist la peine de le garder,
il répondit : « Je sçais que c'est peu de chose qu'une
» allumette, mais je veux bien que vous sçachiez que
» je n'ai point du tout de peine de dépenser cent et
» deux cens livres, quand l'honnesteté ou quelque bon
» sujet le requièrent, et que j'en ai beaucoup quand
» je vois quelque chose se perdre volontairement et
» sans aucune utilité. »

Comme donc Notre-Seigneur, dans la parabole aux
dix marcs, après avoir fait oster au méchant et paresseux
serviteur qui avoit négligé de faire profiter le marc
d'argent qu'il lui avoit confié, et ordonné de le donner
au serviteur diligent et fidèle qui en avoit gagné dix
autres, nous assure qu'on donnera à celui qui a déjà
et qui sera comblé de biens, et qu'à celui qui n'a
rien on ostera mesme ce qu'il a ; l'on peut juger que
c'est par le bon et fidèle emploi des biens temporels,
comme aussi des dons et des talens spirituels que
M. Levasseur avoit reçus de la main libérale du Tout-
puissant, qu'il a mérité des accroissemens considérables
de biens et de graces. Car c'est la vérité qui dit et qui
promet : *Omni habenti dabitur, et abundabit : ab eo*
autem qui non habet, et quod habet auferetur ab eo. Et
c'estoient ces graces surnaturelles dont le bon Dieu

récompensoit sa fidélité, qui le rendoient agréable,
non seulement aux yeux de sa divine majesté, mais
aussi aux yeux des hommes, et qui lui attiroit leur
amitié et leur estime dans tout ce qu'il faisoit; de
sorte qu'il semble qu'on peut à bon droit lui attribuer
cet éloge de l'Ecclésiastique à Moyse : « qu'il estoit
» chéri de Dieu et des hommes, et qu'on béniroit en
» tout tems sa mémoire : *Dilectus Deo et hominibus*
» *Moyses cujus memoria in benedictione;* » et dire aussi
de lui ce qui est dit d'un homme juste dans le livre
de la Sagesse, que comme il a tasché de plaire à Dieu
en toutes actions, il en a esté aimé et protégé : *Placens
Deo factus est dilectus.*

Et, comme parmi ces talens et ces graces dont il
a toujours fait usage, comme parmi ces emplois et
ces charges publiques dont il s'est toujours très bien
acquitté et au grand contentement de tout le monde,
il a toujours conservé une très grande humilité et une
très petite estime et opinion de soi mesme; c'est par
là qu'il s'est rendu digne que Dieu lui ait fait part
de ses lumières; qu'il l'ait doué de plusieurs belles et
vertueuses qualités; qu'il lui ait donné son esprit de
conseil, d'entendement et de sagesse pour commencer,
conduire et achever généreusement les plus grandes
œuvres; qu'il l'ait béni enfin en toutes ses actions;
qu'il l'ait secondé et aidé en tous ses desseins; qu'il
l'ait regardé d'un œil favorable en toutes ses entreprises,
selon qu'il le promet lorsqu'il dit par la bouche du
prophète Isaïe : « *Ad quem autem respiciam nisi ad pau-*
» *perculum et contritum spiritu et trementem sermones*
» *meos ?* Sur qui jetterai-je favorablement mes yeux,

» sinon sur celui qui est pauvre, qui a l'esprit humble
» et contrit, et qui craint de m'offenser parce qu'il
» craint mes paroles. »

M. Levasseur, estant donc animé et poussé de l'Esprit
de Dieu, et se confiant sur son puissant secours beaucoup plus que sur les biens et sur tous les secours
qu'il pouvoit espérer des hommes, résolut de commencer à bastir sa nouvelle chartreuse et de mettre
la première pierre, ainsi que j'ai déjà dit ci dessus,
aux fondemens du quartier des hostes, tout au coing
et entre l'église et la chambre du père procureur, le
11 du mois d'aoust de l'an 1618, et après que les
fondemens du bastiment des hostes furent achevés,
l'automne estant extraordinairement beau et favorable
à ses desseins, il résolut d'entreprendre encore les
fondemens d'un petit cloitre, ou du moins d'une partie
d'icelui et du chapitre. Mais, comme ces lieux devoient
servir au culte de Dieu et à la régularité religieuse,
il a jugé qu'il estoit bon d'avoir auparavant l'agrément
de l'esvesque diocésain, c'est pourquoi il fit présenter
une requette [1] à Mgr l'esvesque d'Arras par les susdits.

[1] *Voici la teneur de cette requette :*
« Reverendissimo Domino, Domino Episcopo Atrebatensi.
» Reverendissime Domine, exponit vobis dominus Joannes *Levasseur*
» civis insulensis per nos humiles priores cartusiarum Vallencenens s et
» Tornacensis a capitulo generali deputatos ad directionem cartusiæ per
» dictum *levasseur* construendo in viculo *de la Boutillerie* in parochiâ
» *de Fleurbaix :* quod quanquam hoc anno non decrevisset jacere funda-
» menta aliorum locorum quam officinarum ad familiam necessariarum,
» quià aeris temperies ei favere videtur ; statuit per Dei gratiam etiam
» aggredi fundamenta quorumdam locorum ad Dei cultum deputando-
» rum : ecclesia in aliud et magis opportunum tempus reservata. Quà
» de re dominationem etiam monitam voluerunt, ne eâ in consultâ ali-

révérends pères prieurs des chartreuses de Valenciennes et de Tournay, députés du vénérable père et du chapitre général, pour obtenir les amortissemens nécessaires des princes et des seigneurs, ainsi qu'il a esté dit plusieurs fois ci devant, et pour aider à la direction et avancement de la nouvelle chartreuse.

L'année suivante, sçavoir 1619, le quartier des hostes fut entièrement achevé, comme aussi les caves qui sont au dessous; mais l'eau y venant et perçant les fondemens lorsqu'il y avoit de grosses pluies ou quelque abondance d'eau extraordinaire, M. Levasseur fut obligé, en l'an 1621, de faire baccicoler les dites caves, et d'y mettre trois pavemens l'un sur l'autre, et outre cela deux platres de Hollande démêlés avec de la chaux de Tournay, de laquelle matière sont aussi faits les dits pavemens et baccicolemens ou bancs qui sont alentour des caves; excepté le premier pavement qui a esté fait avec de la cendrée de Tournay très bien accommodée, sur lequel a esté mis le premier plâtre; auquel pavement et baccicolement il a recommandé, dans les mémoires qu'il a laissés, d'estre fort attentif de prendre un soin particulier pour qu'il n'y arrive jamais aucune rupture, si petite qu'elle puisse estre.

On a pu voir clairement par tout ce qui a esté dit ci devant, que M. Levasseur taschait en toutes occasions et par toutes ses actions de procurer, non point sa

» quid attentasse videantur Rogant itaque ut cum vestrâ bonâ pace ulte-
» rius progredi valeant. »
 C₂ *requette a eu l'apostille qui suit :*
  « Reverendissimus dominus Episcopus Atrebatensis permittit prosecutio-
» nem tam laudabilis operis sinè præjudicio jurium suorum et alterius
» cujuscumque. Datum 18 sept. 1618. »

propre gloire, mais celle de Dieu seulement. Il semble néanmoins qu'il n'a jamais mieux fait connoître la grandeur de son zèle pour l'avancement et l'accroissement de la gloire de Dieu, et combien le désir du salut des ames, pour lesquelles le Fils de Dieu n'a point dédaigné de verser son précieux sang et de mourir sur une croix, lui tenoit fortement au cœur, qu'en ce qu'il médita de faire en cette année 1619.

S'estant aperçu pendant le séjour qu'il fit à la Boutillerie, lorsqu'on travailloit aux fondemens du quartier des hostes et du petit cloitre, qu'il y avoit une ignorance grossière parmi les paysans, et que plusieurs mesme se sentoient de l'hérésie et avoient de l'aliénation de l'Eglise catholique faute d'instruction, et faute qu'il n'y avoit personne qui prist la peine de les catéchiser et de veiller sur eux, à cause qu'estant fort éloignés de leurs paroisses, et que les chemins qui y menoient estant non seulement fort longs, mais aussi pour la plupart du tems très facheux et mesme impraticables, ils n'y alloient que très rarement et par conséquent n'entendoient aussi que très rarement la parole de Dieu et les instructions nécessaires pour vivre chrétiennement en cherchant le bien et fuyant le mal, en pratiquant la vertu et fuyant le péché, en adhérant fidèlement aux vérités de la foi et au sentiment de l'Eglise catholique, apostolique et romaine, et détestant constamment toutes les hérésies et toutes les opinions qui lui sont contraires :

S'estant déjà aperçu de ces grands maux, il les déploroit amèrement, il en gémissoit en son cœur, et le pur zèle de la gloire de Dieu et du salut des ames

créées à son image lui fit penser à un moyen pour
y apporter remède, qui estoit d'ériger la Boutillerie en
paroisse, et de faire un fonds pour l'entretien de la
subsistance honneste d'un pasteur qui auroit soin d'enseigner les habitans des saints mystères de notre religion, et de tout ce qu'ils devoient sçavoir et faire
pour se sauver, et acquérir la vie éternelle pour laquelle
ils ont esté créés. Mais, comme il avoit déjà assigné la
terre de la Boutillerie pour partie de la fondation de la
nouvelle chartreuse qu'il y vouloit bastir, il escrivit au
vénérable père et au chapitre général, pour que l'ordre
consentît à son pieux dessein, promettant qu'il ne dimi-
nueroit en rien la fondation en annexant le revenu de
la chapelle de la Boutillerie, dont il est parlé ci dessus,
à la nouvelle cure de laquelle les pères chartreux seroient
les collateurs et les patrons perpétuels [1].

[1] On pourra voir son dessein et ses intentions par la suivante copie de
sa lettre escrite au dit révérend père, et de sa requette présentée aux définiteurs du chapitre général.

     « Très réverend père,
» J'ai reçu beaucoup de contentement de reconnoitre une affection par-
» ticulière que votre révérence démontre par ses dernières pour l'avance-
» ment des bastimens de la chartreuse à la Boutillerie, par l'offre qu'elle
» me fait, d'outre le frère donné, de l'assistance des vénérables pères de
» Valenciennes et de Tournay, dont je l'en remercie très affectueusement.
» De ma part je ne faudrai y apporter ce qui sera de mon pouvoir. Tout
» ce qui dépend pour la dotation est fort avancé, et le tout est succédé
» jusqu'à présent autant bien que pouvions espérer, beni soit le bon Dieu;
» il reste seulement un petit devoir de mon côté, que j'effectuerai en
» brief avec la grace de Dieu, au contentement de votre révérence et de
» tout l'ordre.
    » Il y a quelque tems et signalement depuis que j'ai commencé de
» bastir la susdite chartreuse, que j'ai remarqué et recognu l'humeur et
» nourriture du peuple, non seulement du hamel de la Boutillerie, mais

Le révérend père et les deffiniteurs du chapitre général
ne désirant rien plus que donner des marques de leur
reconnoissance à M. Levasseur, et de seconder selon

» aussi des circonvoisins, lequel je trouve fort peu zélé et affectionné à
» notre sainte foi et religion catholique, apostolique et romaine, voir
» mesme aucuns du tout hérétiques, ce que m'assure provenir point
» d'ailleurs que par faute de n'estre instruits ni indoctrinés en icelle, voir
» mesme négligés en leur jeunesse, et ce pour estre trop éloignés des lieux
» de leurs paroisses, et pour ainsi pauvres gens délaissés *tanquam oves*
» *non habentes pastorem.* A quoi désirant remédier et pourvoir, autant
» qu'en moi est, et selon l'obligation de charité que je crois d'avoir envers
» Dieu, je ferois volontiers y accommoder une paroiche, avec l'appro-
» bation des supérieurs, et y introduire un pasteur pour la nourriture
» des ames. Mais comme il convient lui donner moyens d'y pouvoir vivre
» et s'entretenir selon sa qualité, et afin qu'il soit sujet et dépendant du
» prieur et religieux de la susdite chartreuse, j'ai prins la hardiesse de
» présenter requette à votre révérence et à tout le chapitre, à ce que les
» susdits vénérables pères soient autorisés de pouvoir obliger à perpétuité
» tout le bien que moi assigné à la fondation de la susdite chartreuse pour
» l'aliment et entretènement du dit pasteur, tel que sera jugé raisonnable
» par l'évesque diocésain et autres qu'il appartiendra. Et pour faire con-
» noître à tous les vénérables pères du chapitre que je n'entens en rien
» diminuer le revenu des parties par moi assignées, j'annexerai et affecte-
» rai une chapelle fondée au mesme lieu de la Boutillerie en récompense,
» les revenus de laquelle monte annuellement à davantage que ne sera
» jamais requis pour la portion canonique du dit pasteur. Ce que je le
» désire ainsi n'est à autre fin que pour rendre les prieur et religieux
» supérieurs et patrons de la dite cure. Et me confiant que cette mienne
» requette tant juste ne me sera déniée, autant qu'elle tend entièrement à
» l'augmentation de l'honneur de Dieu et promotion du salut des ames.
» Sans aucun préjudice ni intérêt de personne, je demeurerai immua-
» blement de tout l'ordre, et en particulier de votre révérence, très
» humble et très obéissant serviteur,   » JEAN LEVASSEUR.
      » De Lille, le 24ᵉ en mars 1621. »

« Reverendo in Christo Patri generali ordinis cartusiensis ac cæteris
deffinitoribus capituli generalis.

      » Reverendi patres,
      » Exponit vobis Joannes *Levasseur* filius ac servus vester, quod à

leur pouvoir tous ses pieux desseins, lui ont accordé
par un apostille tout ce qui est porté dans sa requette [1].

» mult's ann's videns incolas et habitatores viculi *de la Boutillerie,* in
» quo de vestro consensu novam cartusiam à se sufficienter dotatam jam
» cœpit ædificare, malè admodùm circà ea quæ ad salutem spectant,
» instructos quin et quosdam hæresi infectos, cogitaverit de mediis quibus
» eos juvare posset : jam verò quià id contingere opinatur, eò quòd dictus
» viculus longius distet à parochiali ecclesià, ad quam ad percipienda
» sacramenta et divina officia audienda sine magno incommodo dicti incolæ
» accedere non possunt, nec est qui parvulis petentibus panem frangat;
» decrevit in dicto viculo de consensu d œcesani novam parochiam eri-
» gere; quod se facile obtenturum existimat, quando quidem ità cautum.
» sit per sacrum Concilium Trid. sess. 2. c. 4. de reformatione. Quod si
» competens portio rectori ecclesiæ sic noviter erectæ ad vitam honestè
» sustentandam ex fructibus ad matricem ecclesiam spectantibus assignari
» non valeat, præfatus Joannes *Levasseur* optat ut ex redditibus dictæ
» cartusiæ per se fundatæ, portio canonica et sufficiens sumatur ad dicti
» rectoris sustentationem. Porro ut dicta portio canonica sit firmior et
» certior, reverentias vestras obnixè rogat ut venerabiles patres priores
» Vallencenarum et Tornaci de eorum consensu et aucthoritate ad id bona
» temporalia omnia dictæ cartusiæ in perpetuum obligare valeant. Et ipse
» vice versâ, ut dictæ cartusiæ indemnitati consulat, efficiet ut quædam
» capellania ibidem sub suo patronatu fundata, de consensu eorum ad
» quos id spectare poterit, cum omnibus suis juribus perpetuo domui
» uniatur et incorporetur. Cujus redditus cum summam pro dicta portione
» canonica sumendam excedant, dictæ indemnitati sufficient ; et ut patres
» dictæ domûs majorem aucthoritatem habeant in pastorem dictæ parochiæ,
» præfatus Joannes *Levasseur* etiam ipsum jus patronatûs in eos transferet
» ità ut in perpetuum dictæ parochiæ sint futuri patroni. »

[1] « Piissimi domini supplicantis pietatem zelumque verè christianum
» promovere cupientes, committimus venerabilibus patribus prioribus
» cartusiarum Vallencenarum et Tornaci, ut futuro parocho novæ eccle-
» siæ erigendæ portionem congruam ad dictamen proborum et de con-
» sensu venerabilissimi domini episcopi ordinarii taxandam super bonis
» temporalibus novæ ecclesiæ *de la Boutillerie* de doloribus beatæ Mariæ
» nuncupatæ, auctoritate nostrâ imponere valeant et possint facta tamen
» prius rite et juridice unione sacelli memorati et jure patronatus dictæ
» futuræ parochiæ remanente penes novam dictam cartusiam. Datum car-

Je ne sçais point si Mgr l'esvesque d'Arras n'a point
voulu donner son consentement, ou si le pasteur de
Fleurbaix ou de quelques villages voisins se sont opposés
à l'exécution d'une entreprise si pieuse et si chrétienne
que M. Levasseur avoit conçue de faire une paroisse du
hameau de la Boutillerie, pour que les habitans, ayant
un pasteur auprès d'eux, fussent mieux instruits de tout
ce qu'ils doivent sçavoir et faire pour estre sauvés et
satisfaire aux obligations d'un vrai chrétien; mais, soit
qu'il y ait eu des oppositions des personnes susdites,
soit que M. Levasseur ait trouvé des obstacles et empêchemens qu'il n'avoit pas prévus au tems qu'il présenta la susdite requette, il est certain que son bon
dessein n'a eu aucune suite, et mesme il semble qu'il
n'en a plus esté parlé après que cette première tenta-
tive eut manqué d'estre effectuée, ou du moins je n'ai
trouvé aucun papier qui en fist la moindre mention.

Ce frère dont M. Levasseur parle ci dessus, au commencement de sa lettre au révérend père, et dont il
remercie sa révérence de le lui avoir accordé pour
l'avancement de ses bastimens, est frère Nicolas de
Sauty, donné de la maison de Valenciennes, que les
supérieurs ont envoyé à la Boutillerie aussitôt après
que la première pierre y fut mise, pour aider M. Levasseur par son travail, estant couvreur de thuiles de
son métier, et par ses conseils, estant assez bien entendu
dans les bastimens; comme aussi pour veiller en son
absence sur les ouvriers, pour qu'ils employâssent bien

» tusiæ sedente capitulo generali, die secundà maii anno 1619. » *Estoit
signé :* F. Bruno prior cartusiæ. *Et plus bas :* Frater Justus Perrot scriba
capituli generalis, *avec le scel de l'ordre.*

leur tems et fissent ponctuellement ce qu'il leur estoit ordonné; enfin pour prendre garde à tout, pour que rien ne se perdist et que toutes choses fussent appliquées utilement. C'est pourquoi il s'est toujours appliqué utilement et fidèlement au grand contentement de M. Levasseur, jusqu'à sa mort, et mesme après sa mort jusqu'en l'année 1651, en laquelle il mourut le 25 d'aoust, et il a esté le premier enterré dans le cimetière de cette maison.

Quelques années après que le dit frère Nicolas fut à la Boutillerie, les supérieurs envoyèrent encore un autre frère, à la prière de M. Levasseur, nommé frère Laurent Bodehaine, de la mesme maison de Valenciennes, et escrénier ou menuisier de son estat, lequel estant fort industrieux et robuste, travailla fortement à tout ce qu'on voulut l'employer, à la cuisine, boulangerie, brasserie, et particulièrement à l'ouvrage des formes ou chaises de l'église, et depuis à la boiserie d'une bonne partie de celles du cloitre et de toutes les estables d'autel des chapelles; par toutes lesquelles choses il a tellement gagné les bonnes graces de M. Levasseur et des supérieurs, qu'ils se confioient beaucoup à lui, et qu'ils lui obtinrent une messe de *Beatâ Mariâ* par tout l'ordre. Il est mort après avoir louablement vescu dans l'ordre cinquante-deux ou cinquante-trois ans, le 10 de décembre 1683.

En l'an 1620, M. Levasseur a fait plancher, vitrer le quartier des hostes, meubler et le mettre en estat d'y loger. Et pendant les cinq ou six années suivantes il a continué et entièrement achevé la cuisine et les chambres des frères qui sont au dessus, la brasserie,

la boulangerie et tous les autres bastimens qui sont
alentour de la petite cour; comme aussi le petit cloitre,
le réfectoire, le chapitre avec la chambre du sacristain
et la tour y joignante pour y mettre l'horloge et les
cloches du carillon, et pour monter à la place destinée
pour une bibliothèque, et aux greniers qui sont au
dessus du chapitre; pendant lesquelles années il fit
aussi un très grand amas de grès, de pierres blanches,
de briques, de bois et de tous les matériaux nécessaires pour bastir l'église dont il parait avoir voulu
jeter les fondemens en 1626, puisque MM. les vicaires
généraux du siége épiscopal d'Arras, vacant par la
mort de Mgr Herman Ottenbergue, accordèrent en
cette année la permission que leur avoit demandée le
vénérable père Dom Pierre Lyon, de Valenciennes,
et visiteur de la province de Pries, Mgr l'archevesque
de Cambray de venir à la Boutillerie pour y bénir et
poser la première pierre au fondement de l'église de
la nouvelle chartreuse, comme l'on peut voir par la
lettre suivante [1].

[1] « Vicarii generales in spiritualibus et temporalibus sedis episcopalis
» atrebatensis vacantis, reverendo nobis in Christo sinceré dilecto patri
» Petro *Lyon* cartusiæ Vallencenensis priori necnon ordinis cartusiano-
» rum hujus provinciæ visitatori, salutem in Domino. Piis tuis desideriis
» et votis satisfacere cupientes, ut charissimum et venerandissimum in
» Christo patrem et dominum archiepiscopum et dominum et ducem
» cameracensem adire, illumque suppliciter requirere, quatenùs primarium
» lapidem benedicere, et in fundamento ecclesiæ ad usum et commodi-
» tatem religiosorum præfati ordinis in limitibus parochiæ *de Fleurbaix,*
» atrebatensis diœcesis ædificandæ ponere et collocare dignetur : liberè ac
» licitè possis et valeas tibi illum propter præmissa adeundi et requirendi :
» eidem vero charissimo et reverendissimo domino hujusmodi primarium
» lapidem benedicendi et imponendi, cæteraque alia ejusmodi benedic-

On ne sçait point pour quelles raisons cette cérémonie n'a point esté faite par Mgr l'archevesque de
Cambray, en la dite année 1626, selon la permission
demandée et obtenue de MM. les vicaires généraux
d'Arras, ni pourquoi elle a esté retardée et différée
jusqu'au samedi 25 septembre de l'an 1627, auquel
jour, Mgr Paul Boudot, qui d'évesque de Saint-Omer
avoit esté fait évesque d'Arras et ce tout nouvellement,
après avoir béni les fondemens de l'église, a aussi
béni la première pierre du grand autel de la dite
église et l'a posée en son lieu; à laquelle cérémonie
ont assisté les vénérables pères Pierre Lyon, prieur
de la maison de Valenciennes et visiteur de la province de Picardie, et Dom Agathange Leclerc, prieur
de la maison du mont Saint-André, proche Tournay,
avec plusieurs autres personnes.

M. Levasseur continuant ainsi à donner des marques
de l'affection qu'il avoit pour l'ordre par l'empressement qu'il témoignoit pour avancer les bastimens de
la chartreuse, le vénérable père et les deffiniteurs du
chapitre général, ont cru estre obligés de lui donner
aussi de nouvelles et plus grandes marques de leur
sincère reconnoissance en lui accordant un anniversaire
perpétuel par tout l'ordre [1].

» tionem concernentia faciendi licentiam et facultatem concedimus per
» præsentes. Datum in aulà rubeâ palatii atrebatensis, sub sigillo nostri
» vicariatûs officii, anno Domini millesimo sexcentesimo vigesimo sexto,
» mensis verò junii die vigesimâ sextâ. *Et plus bas estoit escrit :* De
mandato reverendorum dominorum vicariorum generalium prædictorum.
CORNAILLE, secret.

[1] *En voici la teneur :*

« Frater Bruno, humilis prior majoris cartusiæ ac totius ordinis cartu-

Je ne sçais point si la lettre de ce monachat n'a pas esté envoyée en cette année 1627 à M. Levasseur, ou si peut-estre elle a esté égarée, d'autant que j'ai trouvé qu'en 1642 le vénérable père Dom Juste Perrot, alors général de l'ordre, lui escrivit qu'il lui envoyoit un monachat, comme l'on pourra voir par sa lettre, que je rapporterai en son lieu.

Les fondemens de l'église ayant donc esté posés en 1627, ainsi qu'il a esté dit ci devant, M. Levasseur les a laissés reposer et assir l'année suivante sans y toucher, et en 1629 il a basti et élevé les murailles jusqu'aux entablemens. En 1630 et 1631, toute la

» siensis minister generalis cæter:que definitores capituli generalis illustri » ac magnifico D. Joanni *Levasseur* domino *de Rabodanges et de la Bou-* » *tillerie*, civi et ex majori inclytæ civitatis insularum et Cartus:æ de » Doloribus beatæ Mariæ nuncupatæ fundatori et ædificatori amplissimo » salutem.

» Non mireris si nos quibus tanta præstare non desinis, etiam novas » gratiarum actiones agamus et referamus. Quid enim gratitudinis à nobis » non exigant illa vestra assidua studia et inde fessi labores, quos in illa » novæ cartusiæ fabrica insumitis : tantam ergo animi vestri in nos cha- » ritatem exosculantes puras manus ad Deum levamus, ut abundantius » cumulata et supereffluant, benedictione sua te benedicat, et ut magis » ac magis te in hanc nostram sodalitatem incardinemus, ultrà missam de » beatâ Mariâ tibi jam datam, harum tenore tibi concedimus plenum cum » psalteriis monachatum, tricenarium singulare et anniversarium per- » petuum scr.bendum in calendariis domorum nostrarum, ut tantus tuus » in nos affectus nullâ oblivione deleatur. Deus autem omnipotens, qui » etiam scriptum aquæ frigidæ pro se datum vitâ æternâ remunerat, hos » nostros bonos conatus ad majorem suam gloriam animæ vestræ solatium » et bonum ordinis nostri augmentum et ornamentum convertat. Quod » largius ex animo quam ex scripto vobis imprecamur, per merita Domini » nostri Jesu Christi. Datum cartusiæ, sedente capitulo nostro generali, » anno Domini 1627. »

Et sur le replis estoit escrit : Sigillentur. F. Bruno, *avec le scel pendant un ruban violet.*

charpente, tant de l'église que du cloitre, a esté posée et l'église a esté couverte et voutée.

Le dernier jour de juillet de la dite année 1631, la cloche a esté bénite par maistre Philippe Lefebvre, pasteur de Fromelles et doyen de chrétienté du doyenné de La Bassée ; M. Addieu Binet, pasteur de Fleurbaix, et le sieur Mathieu le Charles, bourgeois de Lille, ont esté parrains et lui ont donné le nom de *Marie*.

Les années suivantes, M. Levasseur a fait peindre les grandes fenestres de vitres et faire les formes ou chaises de l'église, c'est-à-dire du chœur des religieux, car celles du chœur des pères, aussi bien que la boiserie et balustrades qui renferment les chapelles des quatre saints Evangélistes et des quatre saints Docteurs, n'ont esté faites que dix ou douze ans après par le susdit frère Laurent Bodehaine et frère Charles Corlaut, qui a esté le second frère donné de cette maison, en laquelle il est mort le 5 d'avril 1674. Les formes du chœur des religieux ont esté achevées et mises en place l'an 1636, et les vitres ont esté mises les unes en 1636 et les autres en 1637 et 1638, selon qu'il se voit marqué sur les dites vitres; pendant lesquelles années M. Levasseur a continué les bastimens du grand cloitre et des celles des religieux, mais un peu lentement, à cause de la guerre qui fut déclarée, en 1635, entre la France et l'Espagne, laquelle n'a esté terminée que par la paix des Pyrénées, en 1660.

En 1638, la chapelle de la Boutillerie, dédiée à sainte Marguerite, estant fort caducque et très chétivement bastie de paillotis et couverte de paille, M. Le-

vasseur l'a transférée contre la porte de la chartreuse,
ainsi qu'il a déjà esté dit, et l'a rendue, sans compa-
raison, plus belle, plus grande et plus ample qu'elle
n'estoit auparavant; et mesme il l'a fait voûter et couvrir
d'ardoises, comme on la voit aujourd'hui.

Le 28 d'aoust 1639, jour de Saint-Augustin, la messe
a esté célébrée la première fois dans le chapitre, avec
la permission de MM. les vicaires généraux d'Arras,
par un ancien religieux de l'ordre de Saint-François,
nommé père Dominique Venty, qui avoit esté assez
longtems confesseur des pauvres religieuses de Sainte-
Claire, du couvent de Lille.

Le 30 des dits mois et an, maistre Philippe Lefebvre,
doyen de la chrétienté du décanat de La Bassée et
pasteur de Fromelles, autorisé des susdits MM. les
vicaires généraux d'Arras, a béni dans l'église le lieu
destiné pour la sépulture de M. le fondateur, par devant
le maistre-autel, assisté de M. Antoine Blave, prestre
et chapelain du Maisnil, en présence du dit sieur fondateur, de M. Jean Delannoy, son neveu, de made-
moiselle Marie Desbarbieux, sa femme, et d'André
Dumoulin, serviteur; laquelle cérémonie estant achevée
en l'église, le dit sieur doyen assisté, et en présence
des sus nommés, a fait les mesmes devoirs pour bénir
le lieu qui devoit servir de cimetière aux religieux,
au milieu du grand cloitre.

En l'an 1641, Dom Jean de Meldeman, religieux
profès de la grande chartreuse, autrefois prieur de la
maison de Sainte-Croix, et ensuite de celle de Bonlieu
dans le comté de Bourgogne, ayant esté absous du
prioré du dit Bonlieu par le chapitre général de la

5

mesme année, pour estre envoyé à la nouvelle chartreuse de Notre-Dame des Douleurs, à la Boutillerie,
y est arrivé le jeudi 20 de juin, jour de saint Sylvere,
pape et martyr, avec Dom Hugues Cuvillon, avec
Dom Philippe Béharel, tous deux profès de la maison
de Tournay, amenés et introduits par le vénérable père
Dom Agathange Leclerc, alors prieur de la chartreuse
de Bruxelles et visiteur de la province de Teutonie;
lequel, ensuite de l'ordre qu'il avoit du vénérable général
et du chapitre, a installé le dit Dom Jean de Meldeman,
prieur, et le dit Dom Hugues Cuvillon, procureur de
la dite chartreuse de la Boutillerie, et aussitôt après le
dit nouveau prieur a institué le dit Dom Philippe Béharel, sacristain. Le lendemain, qui estoit le 21 des susdits
mois et an, la messe a esté chantée dans le chapitre,
par le dit vénérable père visiteur de Teutonie; et puis
le lundi suivant, jour de la Nativité de saint Jean-
Baptiste, le dit nouveau prieur a aussi chanté la messe
en présence du bon seigneur fondateur.

L'an 1642, le duc de Meilleraye, grand maistre de
l'artillerie de France, après avoir pris par appointement
la ville de La Bassée, est venu se loger dans l'abbaye
de Looz, et son armée parcourant, ravageant et brûlant
une partie de la chatelenie jusqu'aux portes de Lille
et d'Armentières, les censes d'Esquermes et d'Allennes
sur les marais, et de Prémesques, données par M.
Levasseur pour la dotation de la chartreuse, ont esté
entièrement brûlées; ce qu'il a entendu et supporté avec
une admirable patience et constance, demeurant toujours tranquille et parfaitement résigné à la volonté
de Dieu, sans se troubler et sans témoigner quelque

inquiétude et quelques mouvemens d'impatience, quoique le bruit courût, et mesme dans Lille, que la nouvelle chartreuse estoit brûlée et réduite en cendres, en
quoi il a fait paroître, non seulement une grande
fermeté, mais aussi une grande et très rare conformité
aux ordres de la divine Providence, reconnoissant que
tout ce qui arrive dans le monde sont des effets de sa
très sage et très juste disposition, adorant et acceptant
toutes les pertes qu'elle permettoit lui arriver, encore
bien qu'il sçut que ces grands dommages causeroient
un retardement notable à l'achèvement de ses bastimens, et le priveroient par conséquent de ce qu'il avoit
depuis longtems très ardemment désiré; sçavoir, de
quitter le tumulte et tracas de la ville aussitôt après
qu'il auroit aschevé et meublé les édifices nécessaires
pour les religieux, à l'effet d'y célébrer avec piété et
gravité le service divin, et de se retirer dans la solitude
de sa chartreuse pour y jouir des fruits de ses travaux
et y finir tranquillement ses jours avec et entre les
bras de ses chers enfans. Quoi donc que ces grosses
pertes lui fussent très sensibles, d'autant qu'elles le
frustroient du plus ardent de ses désirs, néanmoins on
ne l'entendit jamais proférer un seul petit mot d'impatience. De sorte que c'est avec juste raison qu'on
peut lui appliquer ce que l'Ecriture dit du saint homme
Job : « *Non peccavit labiis suis, neque stultum quid*
» *contra Deum locutus est.* Qu'il ne pescha point par
» ses lèvres dans tous ces facheux accidens, et qu'il
» ne dit jamais rien d'indiscret contre celui qui les
» permettoit. » Au contraire, si quelqu'un lui en faisoit
des plaintes et tesmoignoit en avoir de la peine, il ne

faisoit que dire et répéter : qu'il falloit bénir et remercier Dieu en tout tems; qu'il falloit adorer ses jugemens sans les examiner; qu'il falloit se soumettre à ses
dispositions qui sont toujours pleines d'équité, quoique
quelquefois elles fussent rudes à la nature et difficiles
à porter; puis, se servant des paroles du mesme saint
prophète, il disoit : « *Si bona suscepimus de manu*
» *Domini, mala quare non suscipiamus? Dominus dedit,*
» *Dominus abstulit : sit nomen Domini benedictum !* Après
» que j'ai reçu tant de bien de la main libérale du
» Seigneur sans les avoir mérités, pourquoi ne rece-
» vrai-je point aussi les maux qu'il a voulu m'envoyer?
» Le Seigneur donne, le Seigneur oste quand il lui
» plait; rien ne se fait, rien n'arrive que par son
» ordonnance : que son saint nom soit béni. Qui suis-je
» pour m'attrister, pour me plaindre et pour murmurer
» contre Dieu, et lui demander pourquoi il en use
» ainsi en mon endroit? *Justus est Dominus, et rectum*
» *judicium ejus.* »

Le révérend père Dom Juste Perrot, qui ayant succédé au révérend père Dom Bruno d'Affringue dans
le généralat de l'ordre, lui avoit aussi succédé dans
l'amitié et l'estime très particulière qu'il avoit pour
M. Levasseur, prenoit véritablement part à tous ces
malheurs qui lui arrivoient et qui empeschoient ou
du moins retardoient beaucoup l'exécution de ses bons
desseins, puisque suivant une lettre du révérend père
Dom Pierre *Carré*, prieur de Valenciennes et convisiteur
de la province, escrite à M. Levasseur, en date du
17 juin 1642, pendant le chapitre de la mesme année,
il ne faisoit que parler à tous les prieurs du bon fon-

dateur de la chartreuse de la Boutillerie, de sa vie
édifiante, de ses vertus héroïques, et particulièrement
de sa constance et force d'esprit au milieu de tant de
pertes considérables. Et non content de l'avoir préconisé
et loué hautement, il lui escrivit une lettre de conso-
lation ou plutôt de congratulation, de ce que parmi
tant d'adversités causées par la guerre, Dieu lui donnoit la force et la patience pour les porter généreusement et chrétiennement, et en mesme tems il lui dit
qu'il lui envoyoit le monachat qu'il avoit désiré, ce
qui marque, ou que M. Levasseur n'avoit pas la lettre
du monachat qui lui avoit esté accordé en 1627, ou
que peut-être il en avoit demandé un pour quelque
personne de qualité à qui il se croyoit obligé. Cette
opinion me semble la plus probable, car je n'ai point
trouvé la lettre du dit monachat d'où l'on peut juger
qu'elle avoit esté donnée à la personne pour qui ce
bénéfice estoit accordé; néanmoins il semble aussi que
si le monachat n'auroit pas esté pour M. Levasseur,
le vénérable père lui auroit dit en sa lettre qu'il lui
envoyoit le monachat pour la personne qu'il lui avoit
marqué [1].

[1] *Voici la copie de la dite lettre :*
« Monsieur,
» Dieu montre ses merveilles en vous, qui, au milieu des grandes
» ruines qu'avez souffertes et souffrez en vos biens, demeurez ferme en
» vos saintes entreprises et continuez une œuvre pour la gloire de Dieu,
» qui sera d'autant de durée que ce monde mesme, où sa divine Majesté
» puisse estre éternellement louée, courage digne de vous et de votre
» vertu. J'approuve aussi grandement votre prudence de ne vous charger
» de plus grand nombre de religieux, que ce qu'en avez, jusqu'à ce qu'il
» plaise à ce grand Dieu de commander que ces troubles et remuemens de
» guerre soient appaisés. Nous vous envoyons le monachat que désirez,

Au mois de juin de la mesme année 1642, M. Levasseur, sentant que ses années s'augmentoient et que ses forces diminuoient, de crainte que la mort qui vient, selon que Notre-Seigneur nous avertit dans son Evangile, comme un larron de nuit, *sicut fur in nocte,* c'est-à-dire lorsqu'on y songe le moins et qu'on la croit mesme fort éloignée, ne le surprist sans avoir fait connoître et ordonné ses dernières volontés pour de certaines donations et prières qu'il désiroit estre faites après son décès, fit son testament et ses legs pieux en la manière qui suit :

. « *In nomine Domini, amen.* Je, Jean Levasseur, fils
» de feux Jean et demoiselle Marie de Fourmestraux,
» considérant la fragilité humaine, et qu'il n'y a rien
» plus certain que la mort et incertain que l'heure
» d'icelle, ai fait mon testament et ordonnance de
» dernière volonté en la forme et manière qui s'en
» suit :

» Premièrement, je recommande mon ame à Dieu
» mon Créateur et Rédempteur, à la glorieuse et tou-
» jours bénite Vierge Marie, à M. saint Michel et à
» mon Ange gardien, à M. saint Jean Baptiste, saint
» Estienne et saint Bruno, mes patrons, et à toute

» que vous recevrez, s'il vous plait, comme arrhes de notre bonne volonté
» à vous servir et honorer, et de vous obtenir de cette toute puissante
» Majesté toutes sortes de bénédictions en ce monde pour vous conduire
» à cette éternelle félicité, *quam nec oculus vidit, nec auris audivit nec*
» *in cor hominis ascendit,* qu'il vous a préparée de toute éternité. Ce sont
» les désirs de celui qui est pour jamais, Monsieur, votre très humble et
» très affectionné serviteur,
                » Frère JUSTE, général de l'ordre des chartreux.
    » De Chartreuse, séant notre chapitre général, 1642.

» la cour céleste ; afin qu'ils intercèdent pour moi,
» désirant que les saints Sacremens me soient admi-
» nistrés en tems convenable.

» Mon corps, je le rends à la terre dont il est issu,
» ordonnant après que l'ame en sera séparée, il soit
» mis en un cercueil de plomb pour estre transporté
» en l'église de Notre-Dame des Douleurs, à la Bou-
» tillerie, et posé et ensépulturé en la place et lieu
» que j'y ai disposé et préparé il y a quelques années,
» et que soit fait un service en l'église de M. Saint-
» Estienne, ma paroisse, sans aucune pompe ni assem-
» blée, fors en la dite église, avec le son des cloches
» le jour du dit service seulement, et douze torses
» tenues par douze enfans orphelins que l'on dit de la
» Grange, revestus chacun d'une pièce de drap noir
» de dix quartiers chacune, qui seront distribuées, avec
» celle dont sera revestu ceslui tenant la croix, par
» mes neveux Delannoy et Marie du Rivage, veuve
» de messire Allard Carron, ma nièce, à pauvres per-
» sonnes, à ma volonté et discrétion, ou par les enfans
» préterdéminés, si aucun y en a.

» Que le jour de mon dit service soient distribuées
» aux pauvres vingt razières de bled, converties en
» pains de trois livres chacun, avec une pièce de six
» sols parisis chacune sur chacun d'iceux, dont la col-
» lation appartient à mes susdits neveux et nièces,
» par égales portions, comme les susdites pièces de
» drap.

» Je donne au pasteur qui m'aura administré les
» saints Sacremens de notre mère la sainte Eglise,
» douze florins ; au clerc qui l'aura assisté trois florins.

» A la bourse générale et communale de cette ville
» je donne douze cens florins.

» A la susdite église de Saint-Estienne, à charge
» d'un obit à chacun an à perpétuité au jour anniver-
» saire de mon trépas, après l'avoir annoncé à l'esta-
» plet; item, de faire chanter, après l'avoir annoncé
» à l'estaplet, tous les ans, depuis les vespres de la
» veille de Noël jusqu'inclusivement les vespres de la
» veille de la Purification de la Vierge Marie, *Invio-*
» *lata, integra et casta*, etc.; et aussi à charge qu'après
» la messe de la Sainte-Croix, qui se célèbre en chacune
» semaine en la dite église, soit dit le *De profundis*
» à haute voix, en la mesme forme qu'il se dit en la
» messe de Notre-Dame, pour mon ame et de feue
» ma femme, je donne la somme de trois cens florins.

» A André Dumoulin, mon serviteur, si avant qu'il
» continue à mon service jusques à mon trépas, pour
» les bons et fidèles services qu'il m'a rendus et espère
» qu'il me rendra, je lui donne vingt livres de gros,
» faisant cent vingt florins de rente viagère chacun
» an, à payer par les chartreux, de six mois en six
» mois à compter depuis le jour de mon trépas. Et
» comme les dits religieux se serviront de la maison
» que j'occupe pour refuge, j'entens et ordonne que
» le dit André Dumoulin y demeure comme concierge
» et serviteur d'iceux, pour les assister en ce qu'ils
» auront besoin de son service; se comportant avec
» iceux en toute honnesteté et modestie, selon que je
» me confie entièrement qu'il fera.

» J'ordonne qu'à mon service qui se fera à la Bou-
» tillerie soient distribuées aux pauvres d'illecq six

» razières de bled converties en pains, et que soit
» donné pour cinquante florins de drap pour revestir
» les pauvres, le tout à la volonté et discrétion des
» prieurs et religieux de la maison.

» A Anne Boucher, ma servante, si avant qu'elle
» soit à mon service au jour de mon trépas, je donne
» vingt-quatre florins.

» A la maison des orphelins, que l'on dit de la
» Grange, je donne trente-six florins.

» Aux dominicains, à charge d'un service, trente florins.

» Aux pauvres religieuses clarisses, à charge d'un
» obit à perpétuité au jour anniversaire de mon trépas,
» je donne cent cinquante florins.

» Aux révérens pères capucins, à la charge de vingt-
» cinq messes incontinent après mon trépas, cent cin-
» quante florins.

» Aux révérens pères récollects, à la charge que
» dessus, cent cinquante florins.

» Aux couvens des sœurs noires, grises, de la Magde-
» leine, dites repenties, à la charge d'un service cha-
» cune, je donne à chacun dix-huit florins.

» Je veux et ordonne incontinent mon trépas advenu
» estre dites et célébrées, au plus tost que faire se
» pourra, trois cens messes.

» A André de Fourmestraux, escuyer, seigneur Des-
» wazieres, mon beau-frère, je donne mon verre de
» cristal de roche blanc, avec les pieds d'argent doré,
» grand et petit.

» A maistre Jean Morillon, prestre chapelain à la
» Boutillerie, je donne, à charge de prier Dieu pour
» mon ame, neuf florins.

» Tout ce que dessus je veux estre mis à exécution,
» réservant pouvoir et faculté de ce mien testament
» changer, casser et annuler, augmenter et diminuer
» toutes les fois que bon me semblera et trouverai con-
» venir. Et pour le mettre à due exécution, je nomme
» le susdit André Dumoulin, mon serviteur, lui don-
» nant tout tel pouvoir qu'à exécuteur de testament
» appartient. Auquel j'ordonne et commande de se faire
» mettre aux biens comme se fait ordinairement, ainsi
» veut lui estre mis deniers suffisans es mains, par les
» chartreux, pour y estre entièrement satisfait ensemble
» pour payer toutes mes dettes justes et léales. Et pour
» le reconnoître de ses peines et travaux, je lui donne
» la somme de cinquante florins.

» Ce fut ainsi fait et ordonné en la ville de Lille,
» sous mon seigne manuel, le dix-septième en juin
» seize cens quarante-deux. »

Estoit signé un peu plus bas : Jean Levasseur, avec
paraphe.

Au pied de ce testament estoit attaché un billet contenant ce qui suit :

« Par dessus et avant tout contenu en ce mien testa-
» ment salutaire, je veux et ordonne que soit entière-
» ment satisfait à ce que reste et que sera demandé
» pour le parfait de l'exécution du testament de mon
» cousin Jacques Dubosquiel, pour le parfait de la fon-
» dation de dix prébendes de dix patars par semaine,
» n'ayant tenu à moi qu'il n'ait esté achevé, comme
» le sçavent ceux qui en ont la connoissance. »

Estoit aussi signé : Jean Levasseur, avec paraphe.

Tous les susdits legs pieux spécifiés dans ce testament de M. Levasseur, ont esté trouvé monter à la somme de deux mille huit cent quarante-sept florins, selon la supputation qui en a esté faite en suivant, pour le bled qui a esté distribué aux pauvres, l'appré- cition du mois de mars 1644 en laquelle il est décédé, sans comprendre en cette somme le drap donné aux pauvres enfans qui portoient des torses, dont le nombre avoit esté fixé à douze par M. Levasseur, qui ayant soigneusement évité tout le tems de sa vie tout ce qui sembloit ressentir la grandeur et l'éclat, l'avoit aussi voulu éviter après sa mort, ordonnant que le service qu'on lui feroit après sa mort, en sa paroisse, fut sans aucune pompe et sans assemblée, sinon dans l'église; mais estant mort dans la fonction de la charge de mayeur de la ville, MM. ses parens ont souhaité qu'on fit les choses plus solemnellement, et qu'au lieu de douze il y auroit vingt-quatre pauvres enfans orphe- lins portant des torses ou flambeaux, avec chacun une pièce de drap noir de dix quartiers.

Mais toutes ces donations et grosses aumosnes que M. Levasseur ordonna estre faites après son décès, par son susdit testament pieux, à des personnes religieuses et pauvres, n'estoient que les suites de celles qu'il avoit faites pendant sa vie, et qu'il avoit envoyées devant lui pour lui procurer des amis auprès de Dieu et pour amasser des thrésors en l'autre monde, au lieu que celles qu'il a ordonné de faire après sa mort n'ont fait que le suivre et accélérer, comme l'on espère, le repos de son ame par le grand nombre de messes et de prières, qui seroient affectées à cette intention et pour cette fin devant le throne de la divine Majesté, par

les personnes à qui elles seroient données et distribuées
en exécution de ce testament.

Sur la fin de l'année 1642, l'armée de France, commandée par le grand-maistre, s'estant retirée après
avoir brûlé et ravagé une partie de la chatelenie de
Lille, ainsi qu'il a esté dit, les contributions furent
establies et réglées, ce qui mit le pays en sureté de
ne point estre pillé et brûlé par les garnisons d'Arras
et de La Bassée, et causa que M. Levasseur commença de rebastir la cense de Prémesque, comme estant
la plus voisine de la maison, et l'acheva à peu de chose
près l'année suivante. Mais pour celles d'Esquermes et
d'Allennes, il ne trouva point à propos de les rebastir
aussi longtems que la guerre dureroit, de crainte qu'il
ne leur arrivàt le mesme malheur d'estre brûlées.

Depuis ce tems-là, je ne pense point que M. Levasseur
ait vu sa chartreuse, n'ayant point osé s'exposer d'y
venir, d'autant que les soldats des villes voisines ne
faisoient que courir çà et là, et que l'on entendoit fort
souvent parler des mauvais traitemens qu'ils faisoient
aux personnes qu'ils rencontroient en leur chemin. Ce
qui estant venu à la connoissance du père général, et
ne doutant point que M. Levasseur, pour qui il avoit
une estime et une amitié particulière, ne ressentist beaucoup de peine d'estre ainsi privé de la vue de sa chère
chartreuse, pour laquelle fonder, bastir et achever il
avoit tant travaillé, et de la conversation des religieux
qui y demeuroient, lesquels il regardoit et aimoit comme
ses enfans, il escrivit au vénérable père Dom Augustin
Joyeux, prieur de la chartreuse de Paris et visiteur de
la province de France, pour qu'il employàt les amis

qu'il avoit à la cour, afin d'avoir une sauvegarde de Sa Majesté Très Chrétienne pour sa maison et une sauve-conduite pour sa personne, et que par ce moyen il pust y aller et venir librement et sans crainte.

Ce que le dit vénérable père ayant obtenu avec une lettre particulière du roi adressée à M. Duplessis, gouverneur de La Bassée, il les fit tenir au vénérable père Dom Pierre *Carré*, prieur de Valenciennes, qui aussitôt escrivit à M. Levasseur pour lui demander par quelle voie il souhaitoit qu'il lui auroit fait rendre le paquet qui lui estoit venu de Paris, y ayant du péril de l'envoyer par un exprès aussi bien que par le messager ordinaire.

M. Levasseur, aussitôt après avoir reçu sa lettre, lui fit réponse qu'il avoit déjà eu avis que le révérend père général s'estoit bien voulu employer pour lui procurer de Sa Majesté Très Chrétienne les graces dont il lui faisoit mention, et qu'il l'avoit remercié et prié d'empescher et détourner ce coup, ne désirant point se servir de semblables moyens, ni pour la maison, ni pour sa personne, les jugeant si délicats et si dangereux, qu'ils n'estoient praticables sans apparence et sans danger d'encourir de très grands inconvéniens, d'où mesme pourroit arriver une ruine et désolation totale pour lui, pour la maison de la Boutillerie et aussi pour les autres maisons de l'ordre qui sont en ces quartiers, parce que les tems estoient tels que rien ne demeuroit couvert ni inconnu; et quand mesme cela ne feroit que causer quelque soupçon ce seroit encore un assez grand malheur si cela arrivoit. Pour lequel éviter, et mesmes jusqu'aux apparences ou ombres qu'on

pourroit en tirer, il prioit ensuite et supplioit le dit
vénérable père que tout demeurast entre ses mains, et
que lui ni aucun autre ne lui en donnast la moindre
connoissance et ne lui en parlast davantage; que jusqu'alors (béni soit Dieu) ni les religieux, ni la maison
n'avoient souffert aucune incommodité; qu'il tascheroit
de les accommoder de tout ce qu'il pourroit penser
qu'ils auroient besoin, autant qu'il lui seroit possible;
et qu'il recommandoit, et la maison et sa personne, à
la sauvegarde et à la protection du grand Dieu.

M. Levasseur estoit trop sage, trop prudent et trop
éclairé dans les affaires politiques, pour faire ou pour
permettre qu'on fist quelque chose à son égard dont
M. le gouverneur de Lille, ou les officiers, ou toute
autre personne que ce fust, pust tirer quelque mé-
contentement et quelque ombrage de sa conduite, ni
mesme avoir la pensée qu'il auroit la moindre apparence de quelque correspondance avec les ennemis; ce
que plusieurs n'auroient pas manqué de dire et de
publier, s'ils avoient sçu ou s'ils se fussent seulement
aperçu que le roi de France lui avoit fait la grace de
lui envoyer une sauve-conduite et d'escrire en sa faveur
au gouverneur de La Bassée. Et voilà pourquoi il aima
mieux estre privé du plaisir et de la très grande satisfaction qu'il auroit eue de venir en sa maison, de voir
ses enfans, les religieux d'icelle, et de converser familièrement avec eux, que de donner le moindre sujet
de soupçonner de sa fidélité, ou de douter tant soit
peu de son grand et fidèle attachement au service de
son prince.

Mais si la guerre empeschoit M. Levasseur de venir

à la Boutillerie et d'estre présent de corps à sa chère
chartreuse, il est certain que rien ne l'a jamais empesché
d'y estre présent de cœur et d'esprit; car il y pensoit
toujours, il se plaisoit d'en parler et d'en recevoir des
nouvelles par toutes les occasions qui se présentoient,
et rien ne s'y faisoit que par son ordre et agrément;
le vénérable père prieur, et encore plus Dom Procureur et frère Laurent, ayant soin de lui rendre compte
et de lui donner connoissance de tout ce qui s'y passoit;
de lui demander tout ce qui y manquoit, de prendre
conseil et avis pour les ouvriers, pour les valets, et
généralement pour toutes les choses qui arrivoient ou
qui estoient à faire; et lui de son coté se faisoit un
plaisir de les écouter, de recevoir de leurs lettres et
de leur répondre, de leur envoyer ce qui leur manquoit, de les pourvoir de tout ce qu'il leur falloit,
tant pour leur nourriture que pour leur petit ameu-
blement, comme s'il n'auroit eu autre chose à faire
ni à penser qu'à eux et que pour eux seuls. Aussi,
dans sa lettre ci dessus, escrite au vénérable père prieur
de Valenciennes, il dit avec vérité, qu'il taschoit de
les accommoder de tout ce qu'il pouvoit penser dont
ils auroient pu avoir besoin, autant qu'il lui estoit
possible, et de les recommander à la protection de
Dieu, et priant incessamment d'en mériter ses graces
en eux, et de conserver la maison en laquelle il n'avoit
rien fait ni entrepris que par son mouvement et inspiration, et que pour sa gloire et honneur.

Au commencement de l'année 1643, M. Levasseur
se sentant incommodé de plusieurs incommodités, qui
sont les compagnons ordinaires de la vieillesse, et pré-

voyant que sa demeure sur la terre ne seroit plus de
longue durée ; il résolut, auparavant que la mort vint
terminer sa carrière et ses jours, de mettre la dernière
main à la dotation de sa chartreuse, et de donner les
dernières preuves de la très grande affection qu'il portoit à l'ordre des chartreux et à tous ses religieux,
mais particulièrement à ceux qui estoient actuellement
ou qui seroient dans la suite du tems en sa maison
de la Boutillerie, lesquels il avoit adopté et adoptoit
pour ses enfans, en les créant et instituant ses héritiers
mobiliaires, et de toutes les choses qu'il laisseroit à son
trépas qui seroient réputés meubles, comme maisons,
argent monnoyé, rentes héritières, debtes actives, *et*
cœtera.

Pour quoi effectuer il a comparu personnellement,
le 21 de février de la mesme année 1643, et il a
passé un acte par devant Jacque Bridoul, notaire résidant à Lille, en présence d'André Dumoulin, son serviteur, et de Jacque Bridoul, licencié es lois, fils au
dit notaire ; par lequel acte il a déclaré qu'ayant de
plus près considéré la fondation par lui faite, du cloitre
ou couvent des frères de Saint-Bernard, dit chartreux,
sur sa terre de la Boutillerie, et trouvant les biens par
lui à cette fin donnés n'estre suffisans pour l'entretene-
ment du nombre des religieux, par lui ordonné, et
pour l'entretien des ornemens convenables et nécessaires à l'office et service divin, et voulant que les
bastimens commencés soient achevés et mis en leur
perfection, selon le dessein ordonné, et duement entre-
tenus, pour l'office divin, qu'il désiroit y estre au plus
tôt célébré, et pour plusieurs autres considérations et

raisons à ce mouvantes, et signament, eu égard à la
plus grande gloire de Dieu et au salut de son ame;
il avoit donné, et donnoit par cet acte, au profit du
dit monastère et couvent, tous et quelconques les biens
meubles et tels réputés, comme maisons, rentes par
lettres, or et argent monnoyé, meubles par mennage,
bagues et joyaux, droits, raisons et actions qu'il délais-
seroit à son trépas, et tous errerages de rendages de
fermes, censes, rentes héritières, seigneuriales et louages
qui seroient dus au jour de son trépas, à raison du
pied coupé ou autrement, si ce n'est que les termes
ne seroient eschus. Et finalement tout ce qui est compris sous l'appellation de meubles ou actions mobilieires
et réputés pour meubles, où ils soient situés gissans,
et exigibles sans aucune exception, sinon les édifices,
bois montans et autres, réputés pour meubles, qui
seront trouvés en estre sur les censes et héritages qu'il
a donnés à ses parens et héritiers, qui suivront la nature
du fond et appartiendront à celui ou à ceux à qui il
a donné le dit fond; pour par le dit cloitre, couvent
ou monastère appréhender, jouir et posséder des dits
meubles et tels réputés, incontinent le dit trépas avenu,
à charge de payer toutes les debtes auxquelles il pourroit estre obligé, et aussi les donations, ordonnances
et legs qu'il sera trouvé avoir fait au jour de son
dit trépas par son testament ou autrement; à charge
aussi des obsèques et funérailles que les dits religieux
seront tenus payer, fournir et accomplir; à charge
encore, et à condition que ce qui restera de cette donnation, après les édifices du dit monastère parfaits, et
les ornemens nécessaires achetés et payés, ensemble

7

les dites debtes, donations, legs, testament, obsèques et funérailles accomplis et fournis, sera par les dits religieux employés en rentes ou autres biens fructueux au profit du dit monastère, en augmentation de la dite fondation, sans les pouvoir autrement divertir ailleurs; et, moyennant de ce que dessus, les dits religieux ne pourront faire aucuns débats des donations et autres dispositions du dit sieur Levasseur, leur fondateur, tels qu'ils pourroient estre et sous tel prétexte que ce fust; mais ils seront tenus les laisser sortir leur plein et entier effet, à peine que faisant le contraire, ils seroient privés de la présente donnation.

Item, M. Levasseur a déclaré, par le mesme acte, d'avoir donné et de donner par don d'entre vifs, et irrévocable et sans rappel, aux pauvres de la Boutillerie, le dit notaire stipulant, acceptant en leur nom vingt-huit cens de terre ou environ, séans à Sailly et Fleurbaix, occupés par Robert Boucheries, pour le revenu en provenant estre employé annuellement aux nécessités des dits pauvres de la Boutillerie seulement, et à distribuer par les religieux chartreux du dit lieu de la Boutillerie, sans que les pauvres de Fleurbaix y pussent prétendre et y avoir aucune chose. Et au cas de ne les pouvoir retenir, par faute d'amortissement, le dit sieur Levasseur donnoit par parties, don d'entre vifs, le dit notaire stipulant, et acceptant au nom des dits pauvres, la somme de deux mille florins carolus à prendre sur les dits vingt-huit cens d'héritage, lesquels, au dit cas de ne pouvoir obtenir l'amortissement, il ordonnoit estre vendus, à charge que les deniers provenant de la dite vente seroient employés à l'acquisition de quelques rentes héritières, dont les courses seroient pour subvenir aux nécessités des dits pauvres, ainsi que seroient les revenus des dits héritages, au cas qu'on pust obtenir l'amortissement et demeurer propres aux dits pauvres. Laquelle donnation d'entre vifs le dit sieur Levasseur a promis entretenir sous l'obligation de tous ses biens et héritages, voulant et ordonnant que soit tenu et entretenu, fourni et accompli tout ce qui est ci dessus compris et contenu dans ce présent acte, qui fut fait et passé à Lille, le 21 février 1643, par devant le notaire et en présence des témoins sus nommés, qui ont signé la minute originale avec le dit prieur, Levasseur comparant.

Cette donnation que M. Levasseur a faite de tous ses biens réputés meubles, au profit de la chartreuse qu'il avoit fondée, est un dessein qu'il avoit pris longtems auparavant qu'il l'exécutât; car il est croyable que c'estoit là ce devoir qu'il disoit rester à faire, dans la lettre qu'il escrivit au révérend père Dom Bruno d'Affringues, en 1621, pour lui demander que les biens assignés pour la fondation de la nouvelle chartreuse de la Boutillerie fussent affectés à la portion canonique de la cure qu'il désiroit ériger au dit lieu de la Boutillerie, laquelle j'ai rapportée ci dessus. « Tout ce qui » est et dépend de la dotation de la chartreuse est fort » avancé, » dit-il dans cette lettre, « et le tout est » succédé autant que bien que l'on pouvoit espérer, » béni soit Dieu; il reste seulement encore un petit » devoir de mon costé, que j'effectuerai, avec la grace » de Dieu, au contentement de votre révérence et de » tout l'ordre. »

Cette dernière disposition de M. Levasseur doit aussi faire connoître la grande affection qu'il portoit aux pauvres de la Boutillerie, puisqu'il ne s'est pas contenté de les secourir en tous leurs besoins pendant sa vie, mais qu'il a eu soin d'eux et qu'il a encore voulu pourvoir à leurs nécessités et les aider après sa mort, en leur donnant vingt-huit cens ou sept mesures de terres à labour, situées au pays de Lallœu, sur les paroisses de Sailly et de Fleurbaix, dont on a obtenu l'amortissement ou du moins le consentement de MM. de Saint-Vaast d'Arras, seigneurs fonciers du pays de Lallœu, et ainsi ils sont affectés pour toujours aux pauvres de la Boutillerie sous l'administration des pères chartreux du mesme lieu, qui distribuent le revenu annuel des dites terres en bled, et en drap propre à faire des camisoles aux dits pauvres, ou en d'autres choses dont ils jugent que les dits pauvres ont besoin.

Eu la mesme année 1643, le révérend père Dom André Cordonier, profès de la maison de Tournay, a reçu son obédience pour venir en celle de la Boutillerie, du consentement de M. Levasseur, son fondateur.

Car, comme après avoir fait tous les devoirs et toutes les diligences possibles par toutes les maisons de la province pour avoir des livres de chant selon l'usage de l'ordre, et particulièrement des graduels pour chanter les messes, l'on n'en a point pu obtenir, chaque maison n'en ayant alors qu'autant qu'elle en avoit besoin, les supérieurs trouvèrent à propos d'envoyer Dom André à la Boutillerie, qui escrivoit parfaitement bien la lettre moulée ou romaine, pour y escrire les livres plus nécessaires et plus pressans. En effet, pendant deux ans et

demi, ou environ, qu'il y a demeuré, il a escrit et
achevé un *collectani* des oraisons qui se chantent au
pupitre ou *jube*, et deux beaux graduels en vélin, qui
perpétueront sa mémoire dans cette maison.

Il est croyable qu'il en auroit escrit plusieurs autres,
si la maison ayant esté pillée et entièrement désolée,
en 1641, comme il sera dit dans la suite, ce bon père
n'auroit esté obligé de retourner en sa maison de profession.

Les religieux de la maison de la Boutillerie doivent
toujours conserver précieusement le souvenir de la bienveillance, libéralité et charité que leur ont faite le vénérable père Dom Jean Leroy, prieur, et les religieux
de cette maison de Tournay, qui, à la prière de M.
Jean Levasseur et en considération des vénérables pères
Dom Hugues Cuvillon, Jean Philippe Béharel et Dom
André Cordonier, leur comprofez, qui demeuroient
actuellement à la Boutillerie, leur ont donné généreusement quatre grands responsiers, imprimés en deux
tomes chacun, qui font ensemble huit tomes, qu'un
prieur de la dite maison, nommé Dom Michel de Houe,
fort entendu dans l'art d'imprimerie, après avoir fondu
des vieux candelabres et de vieilles pièces de cuivre qui
estoient inutiles, pour en faire des lettres ou charactères,
avoit imprimé en l'an 1606. Lequel depuis, ayant esté
démis, de son consentement, de sa place de prieur, et,
par une obédience du vénérable père général, envoyé
à la chartreuse de Paris pour y aider à imprimer les
beaux responsiers dont plusieurs maisons de l'ordre ont
des exemplaires; il y a porté, avec la permission des
supérieurs et l'agrément de son couvent, toutes les

lettres et characlères qu'il avoit faits, et après que les dits responsiers furent achevés, il en envoya quatre, en deux tomes chacun, en sa maison de Tournay, qui ensuite a fait la charité à la maison de la Boutillerie de lui donner ceux qu'elle avoit auparavant l'impression de Paris, et c'est ce que la maison de la Boutillerie ne doit jamais oublier, puisque ces livres lui ont esté et sont encore d'un très grand secours, et que si on ne les auroit point eu, l'office divin n'auroit point pu estre fait sitost, ni si bien et si facilement.

M. Levasseur prenait beaucoup de part à toutes les graces qu'on faisoit à sa maison et les reconnoissoit comme si elles auroient esté faites à sa personne, à remercier très affectueusement ledit vénérable père prieur de Tournay et son couvent de leur bonté et libéralité, en leur témoignant que le plus grand contentement qu'il pourroit recevoir en ce monde pour le peu de tems qu'il avoit encore a y estre, auroit esté qu'on se servît de ces livres en la maison qu'il venoit de fonder et bastir, et qu'on y célébrat l'office divin, auquel il désiroit de tout son cœur d'assister de jour et de nuit, autant que ses forces corporelles le lui auroient permis; si Dieu, dont les hommes ne doivent jamais sonder ni vouloir pénétrer, mais plutost révérer et adorer profondément les desseins, les conseils et toutes les dispositions comme estant pleines de justice et d'équité, n'auroit permis qu'une funeste guerre rompît toutes ses mesures et le frustrât de ce qu'il avoit toujours proposé et désiré en bastissant une nouvelle chartreuse, qui estoit d'y venir finir ses jours et de se dégager de tous les embarras

et de toutes les affaires du monde, pour ne plus
penser qu'à celles de son ame et de son salut, et
n'avoir plus qu'une seule occupation et un seul soin,
sçavoir de travailler à la perfection et à servir Dieu
de toutes ses forces dans la retraite et la solitude.

Quoi que son cœur fust toujours à la Boutillerie,
quoique tous les desseins fussent de voir chanter les
louanges de Dieu dans la belle et grande église qu'il
y avoit bastie, néanmoins regardant tous les accidens
causés par la guerre, comme des chastimens de sa
justice et prenant toutes les pertes et les désolations
dont il entendoit parler tous les jours comme des
émanations de sa sainte volonté, il s'y soumettoit avec
beaucoup de patience et de résignation, et afin d'éviter
toutes les insultes et vexations des gens de guerre,
qu'il auroit esté obligé d'essuyer et de souffrir, encore
bien qu'il auroit demeuré fixement à la Boutillerie,
et qu'il fust soumis à la contribution, son âge avancé
demandant le repos et la tranquillité, il ne put se
résoudre de quitter sa demeure de la ville de Lille,
et s'y trouvant la feste de tous les saints, auquel jour
on renouvelle tous les ans le magistrat; il y fust élu
pour la dixième fois mayeur avec beaucoup d'accla-
mations du peuple et une réjouissance générale de tous
les gens de probité qui avoient connoissance de son
mérite et qui souhaitoient la paix, le bien et l'utilité
de leur ville. Car il y avoit dans ce tems là une
grande dissension en la maison de ville, car aucuns
qui estoient nouvellement admis dans le magistrat,
se croyant plus sages et plus habiles que ceux qui les
avoient précédés, prétendaient sous prétexte du bien

public de séparer le corps de la ville de celui des
états ou de la chatellenie ; les autres, plus anciens dans
le magistrat et aussi plus clairvoyans et mieux en-
tendus dans le gouvernement politique , comme en
ayant une longue expérience, non seulement n'ap-
prouvoient point cette nouveauté, mais mesme ils
s'y opposoient fortement, la jugeant très préjudiciable
pour le présent et encore plus pour l'avenir.

M. Levasseur, estant donc élu et nommé mayeur,
s'estudia premièrement à ramener les esprits qui estoient aliénés les uns des autres ; et pour les puri-
fier et apaiser tous les troubles et les différens qui
les partageoient et les aliénoient, il tascha de leur
faire concevoir clairement l'obligation qu'ils avoient de
conspirer tous au bien de la ville , dont ils estoient
les pères et les chefs, et qu'il estoit impossible de le
procurer, à moins qu'ils ne fussent unis, bien inten-
tionnés et chassassent de leur conclave toutes les particularités, divisions et intérests particuliers, et puis
il leur fit voir et toucher au doigt par de si bonnes
et de si fortes raisons que l'ancien usage estoit le
meilleur et le plus avantageux à la ville et aux bourgeois , que presque tous y ont acquiescé et ont
suivi son sentiment, et ainsi les inventeurs de nou-
veautés demeurèrent confus , et tous leurs raisonne-
mens laissés et rejetés de plus de deux tiers des personnes qui composoient le magistrat ; ceux au contraire qui tenoient pour l'ancien usage ou l'ancienne
police furent contens de voir leurs opinions suivies ,
approuvées et confirmées ; et tous les principaux de
la ville en témoignèrent leur joie à M. le mayeur,

qu'ils reconnoissoient auteur de la paix et de l'union qu'ils espéroient de voir régner dans la suite dans les esprits de MM. du magistrat, et de l'utilité que la ville recevroit de se tenir unie à l'estat et ne faire qu'un mesme corps avec la chatellenie.

Comme M. Levasseur, par cette action et par plusieurs autres semblables où il avoit montré un zèle incomparable pour le bien et l'avantage de la ville, avoit gagné le cœur et la confiance d'un chacun, et que d'ailleurs il estoit d'un accès très facile, on ne pouvoit guère aller chez lui sans qu'on n'y trouvast quelques bourgeois qui lui parloient, et d'autres qui attendoient leur tour pour lui parler; et comme il avoit un grand désir de s'acquitter dignement de la charge de mayeur qui lui estoit imposée, et de procurer le bien et le profit de tout le peuple en général et en particulier, il ne renvoyoit presque jamais personne et ne les remettoit que très rarement à une autre heure ou à un autre jour; à moins qu'il ne fust occupé pour quelque affaire de grande importance, ou qu'il ne dust nécessairement se trouver à cette heure à l'hôtel de ville, de sorte que fort souvent à peine pouvoit il trouver le tems de prendre quelque repos et de faire sa réfection, dont il avait grand besoin en caresme, mesme quoique son âge avancé et les fatigues de corps et d'esprit qui l'accabloient, il jeunast très exactement, il estoit quelquefois midi et demi et mesme quelquefois encore plus tard, avant qu'il pust prendre son repas, parce qu'il escoutoit avec beaucoup de patience et de bonté, tous ceux qui venoient lui parler, et ne rebutant jamais personne, quoique plusieurs lui en donnassent sujet, par leurs importunités et leur peu de raison dans ce qu'ils lui demandoient ou proposoient, ne se lassant point de leur dire et redire deux ou trois fois la mesme chose pour la leur faire comprendre, condescendant à leur foiblesse ou peu d'ouverture d'esprit, et faisant tout ce qu'il pouvoit pour les pacifier et les renvoyer contens. Quelquefois mesme il arrivoit que quelques uns du mesme peuple estoient si inconsidérés, que de le venir trouver et demander avec empressement de lui parler, lorsqu'il ne faisoit que se mettre à table et commencer son dîner, qu'il quittoit souvent pour leur donner audience et satisfaction, et comme son serviteur et sa servante lui témoignoient leur mécontement qu'il se levast ainsi de table pour des artisans et des gens de peu de chose, et lui disoient qu'il estoit bien juste qu'il auroit du moins une heure pour manger à son aise; il leur répondit avec sa douceur ordinaire, que son office le rendoit débiteur envers un chacun, aux petits aussi bien qu'aux grands, et qu'il n'avoit point de plus grand plaisir que de se faire, autant qu'il estoit en son pouvoir, tout à tous pour les contenter tous; « et puis si je fais attendre » ces pauvres gens après moi, je serois cause, disoit-il, » qu'ils perdront leur tems, dont ils ont besoin pour » gagner leurs dépens et leur vie. »

Personne néanmoins n'a douté que cette facilité qu'il avoit pour entendre un chacun, et que cette grande bonté qui le faisoit préférer la satisfaction des autres à la sienne propre, ne lui ait peu à peu miné ses forces et n'ait beaucoup nui à sa santé, et mesme

selon l'opinion de ses plus familiers et confidens,
c'est ce qui a abrégé notablement ses jours et sa vie ;
laquelle on peut dire avec vérité, qu'il a immolé et
sacrifié au bien public, se négligeant, s'oubliant, s'in-
commodant lui mesme pour accommoder et rendre
service aux autres, et continuant d'obliger et de faire
plaisir à tous ceux qui l'en requerroient jusqu'à la
nuit du 14 au 15 d'avril de l'an 1644, en laquelle
sentant son cœur extrêmement oppressé, il appela
subitement et avec un grand cri son serviteur, pour
qu'il allast quérir au plutost son médecin et son chirurgien pour lui tirer du sang, lui disant qu'il ne
pouvoit presque plus respirer, et qu'il se trouvoit sur
le point d'estre suffoqué, s'il n'estoit promptement se-
couru par une saignée. Après que l'on eut ouvert la
veine, l'on reconnut facilement par la malignité et
corruption de son sang qu'il estoit en danger de mort
ou du moins d'une grosse maladie dont il auroit peine
à revenir, néanmoins ce mesme jour 15ᵉ d'avril, se
trouvant fort soulagé de son oppression par la saignée qu'il avoit faite, il ne laissa point d'aller en halle
ou hostel de ville à son ordinaire, quoique tous ceux
qui le voyoient jugeassent bien à sa contenance, à
sa marche, à sa parole, au ton de sa voix et à
la pâleur qui paroissoit sur son visage, qu'il estoit
fort indisposé et à la veille d'une dangereuse maladie.

Le lendemain 16ᵉ dudit mois, l'ardeur qu'il avoit
de s'acquitter des devoirs de sa charge, le porta à
vouloir s'élever et a faire encore un effort de la
nature pour aller à la halle, ou du moins pour entendre selon sa coutume les personnes qui viendroient

lui parler ; mais il ne fut pas plustost hors du lit
que la foiblesse et la violence du mal dont il fut attaqué, l'obligèrent de s'y remettre et ne lui permi-
rent plus d'en sortir. Car la maladie augmentant et
la fièvre redoublant ses accès firent bientost connoître que la mort n'estoit pas éloignée, et qu'il ne
releveroit plus c'est pourquoi dès ce mesme jour, il
fit prier le père Durhou jésuite, son confesseur de
le venir voir; et après s'estre entretenu avec lui quelque espace des affaires de sa conscience, il lui fit sa
confession avec toutes les marques qu'on pourroit
souhaiter d'une véritable confession et d'une sincère
repentance de tous les péchés de sa vie. Il se montra
ensuite d'avoir un grand désir de recevoir le précieux corps et sang de notre Seigneur Jésus-Christ
pour viatique, et il s'y prépara par plusieurs oraisons
courtes et ferventes qu'il proféroit de tems en tems,
faisant voir combien il souhaitoit ardemment de recevoir encore une fois devant mourir, la visite de son
Sauveur et Rédempteur. Le matin du 17e il reçust
la sainte communion pour viatique de la main du
pasteur de Saint-Etienne, comme il avoit désiré et
demandé plusieurs fois, et le lendemain 18e au matin,
il reçust l'Extresme-Onction, avec de grands sentiments
de dévotion, d'amour et de reconnoissance envers
Dieu pour tous ses bienfais, et spécialement pour celui
qu'il venoit de lui faire en lui accordant la grace de
recevoir les sacremens de Pénitence, d'Eucharistie
et d'Extresme-Onction, avec une pleine et entière connoissance, ayant toujours le jugement bon, accompa-
gnée d'une actuelle présence d'esprit et d'une grande

révérence envers ces saints sacremens, produisant des
actes de foi, d'espérance, de charité et d'abandon-
nement entre les mains de Dieu, pour la maladie ou
pour la santé, pour la mort ou pour la vie; protes-
tant hautement qu'il vouloit mourir ainsi qu'il avoit
vescu en vrai enfant de l'Eglise catholique, apostolique et romaine, et détestant toutes les opinions
qui sont contraires à ce qu'elle nous enseigne, dont
tous les assistans étoient grandement touchés et édifiés.

MM. les neveux et d'autres proches parens et amis
l'estant venu voir, il les entretint de la briéveté de cette
vie et de la vanité des choses de ce monde, de l'a-
veuglement de ceux qui les aiment passionnément, et
il leur montra, et à tous ceux qui le visitoient, une
vraie soumission à la volonté de Dieu et une vraie
préparation et soumission à la mort, fondée sur la
tranquillité de sa conscience, sur la sérénité de son
ame et sur la ferme espérance qu'il avoit sur la bonté
et miséricorde de Dieu, et dans les mérites infinis de
la mort et passion de Jésus-Christ notre rédempteur,
faisant paroistre en toutes les paroles et en toutes
les actions, une vertu solide, une piété chrétienne, un
détachement parfait et conforme à la vie exemplaire
qu'il avoit toujours menée.

Ce même jour 18ᵉ d'avril, le révérend père Dom
Jean de Meldeman, prieur de cette maison, ayant esté
averti à huit heures du soir du péril évident de mort
et de tout l'estat et dernière extrémité dans laquelle se
trouvoit M. Levasseur, il partit le lendemain 19ᵉ de si
bon matin, avec le révérend père Dom Jacques Cuvillon,
procureur de cette maison et père Laurent Bodehaine,

donné, qu'ils arrivèrent à Lille sur les six heures. Et
estant monté dans la chambre de leur bon père et fondateur, ils y trouvèrent les révérends pères Durhou
et Crédin, jésuites, et la plupart de tous ses parens ;
aussitôt que le malade eut aperçu Dom Prieur, il lui
fit une petite inclination de la teste pour le saluer, et
lui témoigner qu'il estoit fort aise de le voir ; et l'ayant
prié d'approcher du lit, il lui dit : « Mon père j'avois
» formé un dessein d'aller à la Boutillerie pour la
» feste de saint Marc ; mais la maladie m'ayant pré-
» venu, il faut nous conformer aux ordres d'en haut
» et vouloir ce que Dieu veut. »

Après quelques paroles dites de part et d'autre, de
la conformité qu'un bon chrétien doit avoir de sa
volonté avec celle de Dieu, pour imiter Jésus-Christ
son Chef et son Seigneur, qui dans cette terrible répugnance qu'il sentoit, en sa partie inférieure, du calice
de la passion, dit par trois fois estant en agonie :
« Mon Père, que votre volonté soit faite, et non pas la
» mienne. » Après dis-je quelques paroles semblables,
M. Levasseur ordonna à André Dumoulin, son serviteur,
de dire à tous ses parens et à tous ceux qui estoient
dans la chambre de se retirer, exceptés les dits révérends pères prieur et procureur, et le dit père Laurent
et André Dumoulin son serviteur, qu'il avoit nommé
exécuteur de son testament ; et après, quand tous les
assistans furent sortis, exceptées les quatre personnes
susdites, il commanda de lui apporter les papiers qu'il
lui avoit confiés ; lesquels papiers ayant pris de la main
de son dit serviteur, il les mit de sa propre main entre
les mains dudit révérend père prieur, pour qu'il les

lust tout haut en sa présence. A quoi Dom Prieur acquiesçant, lui fit, pour lui complaire, lecture des dits
papiers, dont l'un estoit le contrat de la donation de
tous les biens meubles, qu'il avoit faite le 21 février
1643, sçavoir la chartreuse par lui fondée, qui a esté
rapporté ci-devant : et l'autre papier contenoit la donation et le partage des biens et fonds de terre qu'il assignoit après sa mort à MM. ses trois neveux, Jean,
Jacques et Paul Delannoy, enfans de Jacques et de
demoiselle Marguerite Levasseur, sa sœur ; et à demoiselle Marie Durivage, femme audit Allard-Caron, fille
de Martin et de sa sœur Antoinette Levasseur, avec les
conditions y jointes. Audit Jean Delannoy, qui estoit
aisné de ses neveux, il donnoit le fief et la cense de la
Deûle situés au Quesnoy, contenant trente bonniers et
des rentes seigneuriales : item le fief et seigneurie de
Rabodanges avec ses appendances et quelques mesures
de terre à Avelin et Ennetières-en-Mélanthois. Audit
Jacques Delannoy, il assignoit la cense Duquesne, située
à Fretin, contenant quinze à seize bonniers ; item le
fief de Chieffrus, à Ronchin, contenant six à sept bonniers de terre et des rentes seigneuriales. Audit Paul
Delannoy, il laissoit une cense à Erquinghem, contenant environ vingt-deux bonniers, à charge et condition de servir de rivage à perpétuité pour le cloistre
des chartreux de la Boutillerie toutes et quantes fois
ils voudroient tirer quelque chose par la Lys ou y
mener quelque chose ; item le fief et la cense Despretz,
à Mouveaux, contenant onze bonniers. Et à la dite
Marie Durivage, il donnoit la cense de la Pilatrie, à
Marcq-en-Barœul, contenant quinze à seize bonniers ;

item une cense au bas de Fromelles, assez proche de
la muraille de la chartreuse, contenant huit bonniers.
Lesquelles donations estoient faites par dons d'entre vifs
et irrévocables sous condition expresse, que ni lesdits
neveux et nièce, ni leurs enfans ou héritiers, ne pourroient quereller, ni contrevenir aux donations par lui
faites pour la dotation et fondation de la chartreuse de
Notre-Dame-des-Douleurs à la Boutillerie, et pour augmentation d'icelle fondation, lesquelles il déclaroit vouloir estre inviolablement tenue et entretenue à péril
que celui ou ceux de ses dits neveux ou nièces, qui les
voudroient débattre ou autrement y contrevenir, en tout
ou en partie d'icelles, seroient frustrés de l'effet de cette
présente donation et assignation : et que les parties des
contrevenans accroîteroient aux non contrevenans. A
condition encore qu'auparavant pouvoir par les dits dona-
taires toucher aux biens a eux donnés, ou entrer à la
possession et jouissance d'iceux ils seroient tous et chacun
d'eux tenus de passer pardevant notaire, un acte rati-
ficatoire et approbatoire de la susdite donation et fondation, en toutes et chacunes de ses parties, à peine
de telles privations et accroissemens que dessus. Ce
contrat de donation et partage ci dessus avoit été fait
et passé à Lille, pardevant Jacques Bridoul, notaire
y résidant, en présence de témoins requis et appelés
le 26 de septembre 1639.

Après que Dom Prieur eut achevé la lecture des
deux papiers ou contrats susdits, M. Levasseur lui demanda s'il n'y trouvoit rien à redire, et si tout estoit
fait à son contentement? A quoi Dom Prieur ayant répondu, que tout estoit très bien et très prudemment

disposé, et qu'il prioit Dieu de le bénir et de le ré
compenser éternellement dans son royaume; M. Levasseur lui recommanda sa chère chartreuse, lui déclara
ses intentions et volontés pour le gouvernement et avancement d'icelle, lesquelles le dit révérend père prieur lui
ayant promis d'observer fidèlement jusqu'à la fin de sa
vie, il lui témoigna ensuite qu'il lui feroit une chose
très agréable, s'il vouloit avoir quelques égards pour
Dom Hugues Cuvillon, procureur, et se bien entendre
avec lui, et faire toutes choses de concert; Dom Prieur
le pria d'être persuadé, qu'il auroit toujours tous les
égards possibles pour Dom prieur; qu'il se comporte-
roit en son endroit d'une manière si honneste, qu'il
n'auroit aucun sujet de se plaindre, et qu'il vouloit
bien se reposer sur ses soins et sur son industrie
pour ce qui regardoit le temporel et les revenus de
la maison : mais pour ce qui estoit des ames qui lui
estoient commises, et de la fin pour laquelle il estoit
establi supérieur, il désiroit et proposoit de se montrer
fidèle à Dieu et à l'ordre, autant qu'il lui seroit possible tout le temps qu'il seroit dans la supériorité. M.
Levasseur lui dit que tout cela estoit bien ainsi, et
qu'il demeuroit content et satisfait.

Dom Prieur, craignant de faire de la peine au malade
s'il lui parloit davantage, se retira un peu à costé de
son lit, pour lui donner du repos et pour prier Dieu
pour lui. Quelques tems après, comme on vit que la fin
approchoit, les révérends pères jésuîtes rentrèrent,
comme aussi MM. ses neveux, qui dirent le dernier
adieu à un oncle à qui ils avoient de très grandes
obligations, et qui commençant sur les dix heures à

8

entrer en agonie, perdit peu après la parole et la connoissance, et expira environ les onze heures et demie,
avec un regret de tous les honnestes gens de la ville,
et une plainte et lamentation de tous les pauvres, qui
en sa personne perdoient une asile, un protecteur et
un très bon père, qui les avoit secourus en toutes leurs
misères. Son corps fut mis dans un cercueil de plomb,
dans lequel suivant son intention et ordonnance, l'on
a mis un os du bras de demoiselle Antoinette Delyot,
sa femme, morte en 1612, et la teste d'un bien grand
ami et parent, nommé Charles Herlin, en son vivant
docteur en médecine, décédé en 1614.

Le lendemain de son trépas, c'est-à-dire le vingtième
dudit mois d'avril, on célébra solennellement ses obsèques en l'église paroissiale de Saint-Estienne, estant
né et ayant toujours demeuré et estant enfin mort sur
cette paroisse : auxquelles obsèques en considération
qu'il estoit décédé dans la charge de mayeur, tout le
magistrat y assista en corps, et en considération que
tout le magistrat y estoit présent, Messieurs ses parens
demandèrent qu'on fit redoubler les orphelins qui estoient revestus de drap noir, et portoient des torses ou
flambeaux. Et ainsi, quoique M. Levasseur eut fixé par son
testament pieux le nombre de ces pauvres enfans à douze
seulement, il fut néanmoins de vingt-quatre, comme
il a esté dit ci devant en rapportant tout au long ledit
testament. Le révérend père de Crevil, jésuite, qui estoit un célèbre prédicateur, fit dans cette honorable assemblée, une très belle oraison funèbre qui fut louée
et admirée de tous, le défunt lui ayant fourni une très
ample matière pour la faire, par la vie si édifiante et si

chrétienne qu'il avoit menée sur la terre, l'espace d'environ soixante-treize ans qu'il y avoit esté.

Ce mesme jour, le corps du dit défunt fut, ainsi qu'il
avoit ordonné, apporté de Lille à la chartreuse de Notre-
Dame-des-Douleurs à la Boutillerie, estant accompagné
dudit révérend père prieur de la dite chartreuse, dudit
révérend père Durhou, son confesseur, dudit révérend
père Credin, qui lui avoit tenu compagnie et l'avoit beaucoup aidé pendant sa maladie, de MM. Jacques et Paul
Delannoy ses neveux, et de quelques autres siens proches parens, il fut mis et gardé dans le chapitre avec
plusieurs cierges allumés pendant le reste du dit jour
et la nuit suivante.

Le lendemain 21, l'on commença à huit heures
l'office de la sépulture par l'office des morts, que
l'on chanta dans le dit chapitre. Le dit révérend père
prieur célébra ensuite la grand'messe, pendant laquelle
le dit révérend père Durhou prescha, et fit l'éloge de
celui qu'il avoit dirigé, et dont il avoit entendu la confession pendant un tems considérable, ayant pu par
cet endroit connoistre mieux que tout autre personne,
le fond de son intérieur et la solidité des vertus qu'il
pratiquoit, et qu'il avoit soin de cacher aux yeux des
hommes. La grand'messe finie, le corps fut porté à
l'église, et mis avec les cérémonies ordinaires, dans
une petite cave devant le maistre autel, qu'il avoit bastie
pour lui servir de dernière demeure ou de sépulture,
et qu'il avoit eu soin de faire bénir environ cinq ans
auparavant, comme il a esté dit ci dessus.

Quelque tems après l'on a couvert cette cave d'une
pierre de marbre noir, longue de sept pieds, sur

laquelle il y a quelques petits ornemens aux bordures avec les armes du défunt, qui portoit un treillis de sable sur un champ d'argent au chef d'azur chargé de deux étoiles d'or, au dessous de l'écusson il y a cette inscription ou épitaphe qui suit :

D. O. M.

IN SPEM RESVRRECTIONIS HIC JACET
NOBILIS ATQVE AMPLISSIMVS VIR

D. JOANNES LEVASSEVR

IN VTROQVE JVRE LICENTIATVS
TOPARCHA IN RABODENGES, BOVTILLERIE, ETC.
VRBIS INSVLANÆ DECIMVM CONSVL,
CVI MVNERI FIDELIS DEO ET REGI IMMORITVR,
DIE APRILIS XIX, ANNO CHRISTI MDCXLIV,
ÆTATIS LXXIII.
POST STERILES NVPTIAS COELEBS
E DIVI BRVNONIS FAMILIA XXV FILIOS ADOPTAVIT,
QVIBVS HANC CARTVSIAM CONDIDIT,
DOTAVIT, ORNAVIT.
SOLI DEO IN TOTA OPERIS MOLE GLORIAM
DVM QVÆSIVIT,
SVAM CVM FÆNORE REPERIT.
PATREM AGNOSCVNT FILII,
ET MÆRENTES HOC FVNDATORI SVO
GRATI ANIMI REPONVNT TESTIMONIVM :
HVMILE QVIDEM SED DOMESTICA PIETATE SPECTABILE.
SVO EST SIBIMET SEPVLCHRO MONVMENTVM,
VIR CLARISSIMVS.
REQVIESCAT IN PACE.

Toutes les messes que M. Levasseur avoit ordonné
estre dites après sa mort, furent déchargées au plus
tost, et tous ses legs pieux contenus en son dernier
testament, fait sous son seing privé ou manuel, 1642
17 juin, qui ont esté trouvés monter environ à la somme
de deux mille huit cent quarante-sept florins, ainsi
qu'il a esté dit ci dessus, ont esté accomplis et exécutés
fidèlement et le plus promptement qu'il a esté possible,
non seulement ses ordonnances escrites, mais mesme
ses intentions connues, qui ont toujours esté très droites
et toutes tendantes à la gloire de Dieu, et au bien du
prochain, qu'il aimoit vraiment et qu'il servoit volontiers pour Dieu.

Lorsqu'il est décédé, la maison estoit entièrement
achevée et bastie, quant aux murailles et aux couver-
tures, et l'on n'a fait depuis sa mort aucun bastiment
considérable que celui des escuries et de la grange au
bois. Le grand autel estoit fait et posé; les verrières
et les chaises ou formes mises; le chœur des religieux
pavé, mais celui des frères ne l'estoit pas, non plus
que les chapelles, excepté celles du chapitre et de la
porte; le réfectoire estoit aussi pavé et mis dans l'estat
qu'il est aujourd'hui, à la réserve de la chaire du lecteur
et d'une partie des tables et des bancs. Toutes les voûtes
du grand cloitre estoient faites et aschevées, à la réserve
d'environ quinze pas. Il y avoit trois ou quatre cellules
meublées et logeables, les autres ayant depuis esté
accommodées peu à peu, selon que la maison s'est
trouvée en estat d'augmenter le nombre de ses religieux.

Quatre mois après la mort de M. Levasseur, les
chapelles estant toutes pavées, le révérend père Dom

Jean de Meldeman, prieur, pria MM. les vicaires généraux du diocèse d'Arras, vacant, de lui permettre de
supplier quelque seigneur évesque voisin de venir les
bénir et consacrer avec l'église, qui estoit plastrée,
blanchie et entièrement achevée, ce qu'ils lui accordèrent volontiers par un escrit daté du 10 septembre [1].

Ensuite de cette permission, le révérend père prieur
fut prier Mgr de Saint-Omer de vouloir bien prendre
la peine de venir faire la cérémonie de la consécration
de l'église, lequel le reçut fort honnestement, et lui
promit aussitost et avec beaucoup de bonté de faire ce
dont il le requéroit. Et s'estant rendu pour ce sujet,
dès le 14 du mesme mois de septembre, à la Boutillerie, il jeûna le 15 pour se préparer à cette grande
et très belle cérémonie; le 16 il consacra l'église et
l'autel du chœur des religieux à l'honneur de Notre-
Dame des Douleurs, patrone de la dite chartreuse. Le
lendemain, 17, et les trois jours suivans, il consacra

---

[1] *En voici la copie :*

« Vicarii generales sedis episcopalis atrebatensis vacantis, dilecto nobis
» in Christo venerabili domno Joanni *de Meldeman* præsbytero ordinis
» cartusianorum, salutem in Domino.

» Ut capellam loci *de la Boutillerie*, sitam intrà parochiam *de Fleur-*
» *baix*, necnon ecclesiam a bonæ memoriæ Joanne *Levasseur* in eodem
» loco extructam, ad usum conventûs præfati ordinis cartusianorum
» ibidem constituendi per quemcumque reverendissimum dominum an-
» tistitem gratiam et communionem sanctæ sedis apostolicæ obtinentem,
» quem ad hoc requirendum duxeris, consecrare facere possis et valeas
» facultatem concedimus per præsentes, sine præjudicio ecclesiæ paro-
» chialis, jure etiam nostro, seu sedis episcopalis atrebatensis et alterius
» cujuscumque semper salvo.

» Datum Duaci sub sigillo reverendi domini præpositi atrebatensis vicarii
» die decimo septembris 1644. »

Estoit signé : de Laureten *avec paraphe et le cachet de ses armes.*

1° l'autel qui est derrière le grand autel, sous l'invocation de sainte Marie Magdeleine ; 2° celui qui est à gauche dans la sacristie, à l'honneur des saints Anges ; 3° celui qui est à la droite et à l'opposite de la dite sacristie, à l'honneur de la très sainte Trinité ; 4° celui qui est dans une chapelle bastie auprès de la porte du dit monastère, sous l'invocation de saint Barnabé, apostre, et de sainte Marguerite, vierge et martyre ; 5° celui qui est à gauche dans le chœur des pères ou des séculiers, à l'honneur des quatre saints Docteurs de l'Eglise, Ambroise, Jérome, Grégoire et Augustin ; 6° celui qui est à la droite, dans le dit chœur des séculiers, à l'honneur des quatre saints Evangélistes, Matthieu, Luc, Jean et Marc ; 7° celui qui est dans le chapitre, sous l'invocation de saint Bruno et des autres saints chartreux ; 8° celui qui est dans une chapelle tenante au chœur des religieux du costé gauche, à l'honneur de saint Joseph, confesseur ; 9° celui qui est dans la chapelle tenante au dit chœur, du costé droit, à l'honneur de saint Jean-Baptiste ; 10° celui qui est dans la chapelle joignant l'entrée de l'église du costé du petit cloitre, sous l'invocation de sainte Anne ; 11° celui qui est dans la chapelle contre la porte de l'église, du costé de la grande cour, sous l'invocation de sainte Barbe, vierge et martyre ; y ayant mis partout des reliques des saints martyrs Clément, Grate et Léonin, et accordé une année d'indulgences à ceux qui la visiteroient au jour anniversaire de la dite consécration, selon qu'il est porté dans la lettre qu'il en a donnée [1].

---

[1] *En voici la copie :*

« Christophorus *Defrance*, Dei et apostolicæ sedis gratiâ, episcopus

Plusieurs personnes honorables assistèrent à cette cérémonie de la consécration de l'église, entre lesquelles
furent les vénérables Dom Pierre Carré, prieur de la

» Audomarensis, universis Christi fidelibus præsentes inspecturis notum
» facimus quod nos die 16ª mensis sept. anni millesimi sexentesimi qua-
» dragesimi quarti, ad instantiam et requisitionem S. P. domni *de Mel-*
» *deman,* prioris domus seu cartusiæ beatæ Mariæ Virginis de Doloribus
» vulgò *de la Boutillerie* parochiæ *de Fleurbaix* diœcesis atrebatensis,
» auctoritate nobis in hac parte a R. DD. vicariis generalibus sedis episco-
» palis atrebatensis vacantis concessa consecravimus ecclesiam præfatæ
» cartusiæ cum majore altari chori ad gloriam et honorem ejusdem Nostræ
» Dominæ de Doloribus recondendo in eo reliquias sanctorum Clementis
» et Grati martyrum, postridiè vero decima septima nempe dicti mensis et
» tribus diebus sequentibus immediate, consecravimus altaria sequentia
» ejusdem monasterii seu cartusiæ : videlicet altare retro majus altare
» chori sub invocatione beatæ Mariæ Magdalenæ; alterum in sacristia ad
» sinistrum ejusdem chori ad honorem sanctorum Angelorum; aliud ex
» opposito præfatæ sacristiæ ad invocationem sanctissimæ Trinitatis; quar-
» tum in sacello separatim extructo in area imminenti portæ domûs ad
» gloriam et honorem sancti Barnabæ apostoli et sanctæ Margaretæ virginis
» et martyris; quintum juxtà majorem portam ecclesiæ ad lævam intrantis
» sub invocatione sanctorum Ambrosii, Gregorii, Hieronimi et Augustini
» ecclesiæ doctorum; sextum in dextra parte ad introïtum portæ ecclesiæ
» ad honorem sanctorum Matthæi, Lucæ, Joannis et Marci Evangelista-
» rum; septimum in loco capitulari ad honorem sancti Brunonis et alio-
» rum sanctorum cartusianorum; item aliud proximum choro à parte
» sinistra ad honorem sancti Joseph confessoris; nec non alterum
» proximum prædicto choro à parte dextra ad honorem sancti Joannis
» Baptistæ; ultimum porrò proximum parvo claustro ad invocationem et
» honorem beatæ Annæ; necnon aliud in sacello juxtà majorem portam
» ecclesiæ à sinistrà parte intrando ad invocationem et honorem beatæ
» Barbaræ virginis et martyris; in eisque inclusivimus partim reliquias
» sanctorum Clementis et Grati, partim Clementis et Leonini martyrum;
» et omnibus utriusque sexus Christi fidelibus in die consecrationis hujus-
» modi ipsam devotè visitantibus unum annum, et in die anniversario
» prædictæ consecrationis ecclesiæ et altarium quadraginta dies de vera
» indulgentia in formà ecclesiæ consueta concessimus, servatis ritibus et
» ceremoniis in similibus servari consuetis et per pontificale romanum

chartreuse de Valenciennes et convisiteur de la province;
Dom Jean Leroy, prieur de la chartreuse de Tournay;
Dom Bernard Pamart, prieur de la maison des hommes
de Gosnay, et Dom Antoine Danel, vicaire des moniales
du dit Gosnay, comme aussi les neveux et les petits et
arrière neveux de M. le fondateur avec plusieurs autres.

Après avoir célébré quelques années la dédicace anniversaire de l'église le 16e jour de septembre, auquel
elle avoit esté consacrée, parce que le 17e, qui est le
lendemain de la dite consécration, arrive la feste de
saint Lambert, évesque et martyr, que l'on chôme
en la paroisse de Fleurbaix, à cause qu'il est patron
de l'église, le dit vénérable père prieur, Dom Jean
de Meldeman, pria MM. les vicaires généraux du siége
épiscopal d'Arras, vacant, de permettre de transporter
la solemnité de la dite dédicace de l'église au 17e jour,
pour ne point avoir tant de festes consécutives, et pour
d'autres raisons qu'ils ont trouvées bonnes et justes, et
pour lesquelles ils ont approuvé et accordé qu'on fist
le dit transport du 16 au 17e, ayant donné cette permission par un escrit, qui est au bas de la lettre de
la dite consécration faite par Mgr le révérendissime
évesque de Saint-Omer [1].

» præscriptis. In quorum omnium et singulorum fidem et testimonium
» præsentes per secretarium nostrum signatas, sigilli nostri impressione
» communiri mandavimus.

» Datum et actum in supra dictâ cartusiâ, anno, mense et diebus quibus
» supra. »

Plus bas estoit escrit : De mandato rev. Domini præfati *Ducamp,* secret.
*Avec paraphe. Et le cachet du dit seigneur évesque estoit imprimé sur
nieulle rouge.*

[1] *En voici la copie :*

« Vicarii generales sedis episcopalis atrebatensis vacantis, justis de

L'église de la chartreuse ayant esté ainsi bénite et consacrée, le révérend père Prieur Dom Jean de Meldeman fit accommoder trois ou quatre cellules dans le cloitre, outre celles qui avoient esté accommodées et meublées du tems du fondateur, dans le dessein de prendre un nombre suffisant de religieux pour célébrer l'office divin à la manière de l'ordre, et de recevoir aussi des novices, lorsque Dieu leur feroit la grace d'envoyer quelques bons sujets.

Ayant dans ce dessein là, demandé un vicaire au révérend père, le révérend père Dom Denys Dufay, natif de Tournay, profès de chartreuse et vicaire de la maison de la Silve [1] bénite, lui fut envoyé par la carte du chapitre général de l'an 1645. C'estoit un religieux doué d'un naturel fort doux et fort humble; qui estoit d'une grande piété et d'une observance fort exemplaire : rigide sur soi mesme et condescendant aux autres ; qui a exercé l'office de vicaire avec tant de prudence, de discrétion et de charité, qu'il s'est attiré l'estime de tous ceux qui le connoissoient dedans et dehors de la maison, qui le revéroient comme un homme de grande vertu et qui ont tous beaucoup regretté sa mort, qui arriva le 14 janvier 1659, à l'age de cinquante-six ans ou environ.

Quelques tems après la venue dudit père vicaire,

» causis animum suum moventibus, instante reverendo domino priore car-
» tusiæ suprà scriptæ, permiserunt solemnitatem et officium dedicationis
» istius ecclesiæ et altarium in diem decimam septimam mensis septem-
» bris transferri et singulis annis celebrari.
» Datum Duaci die vigesimâ septimâ junii 1653. »
Et estoit signé : Car. Fran. de Laureten archid. atrebat. vicar.
[1] Forêt.

afin de commencer l'observance régulière et de faire l'office divin dans cette maison, outre les religieux qui y estoient déjà résidant, à sçavoir les révérends pères Prieur et vicaire profès de chartreuse, Dom André Cordonnier, Dom Philippe Beharel, procureur, et Dom Arnould Longhet, tous trois profès de Tournay ; le révérend père Dom Hilarion Bernard, profès de chartreuse et naguère prieur de la maison de Gosnay, y fust envoyé pour tenir la place d'ancien avec Dom Jérome Callot, profès de la dite maison de Gosnay, pour faire l'office de sacristain. Et ils ont commencé à chanter tout l'office jour et nuit à la façon de l'ordre, le 20 ou 22 du mois de juillet de la mesme année 1645, qu'ils ont néanmoins quelques tems après esté obligés de laisser.

Car le 19 ou le 20 du mois d'aoust suivant, l'armée de France commandée par M. duc d'Orléans, oncle du roi, et par les maréchaux Gassion et Rautzau, est venue fondre en Flandres aux environs d'Armentières, et ayant bordé la rivière de Lys et pris le pont d'Estaires, le 24ᵉ qui est le jour de saint Barthélémi, quelques troupes de cavalerie sont venues à la porte de la chartreuse avec des haches et autres instrumens. Et estant entrés par force dans la cour, ils ont pris plusieurs chevaux qui estoient réfugiés, et entre autres deux très beaux qui appartenoient à la chartreuse; le mesme jour après midi, tandis qu'on chantoit vespres, d'autres soldats sont survenus qui estoient allemands et gens dudit maréchal Rautzau, deux desquels coururent droit à l'église avec leurs épées nues, criant toujours : *argent, argent;* pour intimider le monde qui y estoit, et après avoir donné un grand coup d'épée sur la teste d'un serviteur de la maison avec effusion de sang, et menacé d'en faire autant au père prieur, aux religieux et à tous les assistans, entrèrent dans la sacristie, ont enfoncé les armoires, pris un des plus beaux calices avec la représentation du Saint-Sacrement qui estoit fort belle, et aussi des burettes d'argent, les religieux ayant esté surpris, lorsqu'ils estoient empeschés à trouver un lieu propre pour les cacher.

Le lendemain matin, est venu un lieutenant de cavalerie avec environ cinquante chevaux et quelques gens de pied, lesquels menaçant de mettre le feu à la maison, l'on a esté contraint pour se rédimer et exempter du feu, de composer et convenir avec lui, pour cent pistoles, qui lui ont esté comptés, avant qu'il se retira. Le mesme jour, est encore arrivé un grand nombre de fantassins, lesquels ayant apporté de la paille contre la porte, ils y mirent le feu, pour qu'on la leur ouvrist, et estant entrés ils ont parcouru partout, pris et ravagé tout ce qu'ils ont trouvé dans la maison, sans néanmoins entrer dans l'église.

Après tous ces malheurs, l'armée de France ayant tiré vers Béthune, et emporté cette place en peu de jours, faute de gens et de munitions de guerre, elle s'est venue présenter devant Armentières, qui s'est rendu aussitôt par composition, comme firent aussi quelques jours après les chasteaux de Houplines et de Commines; et pendant ce tems là, quelques troupes détachées vinrent piller la maison par deux diverses reprises, la veille de la Nativité de Notre-Dame, et emmenèrent toutes les vaches et autres bestiaux, tant de la cense que des autres personnes qui estoient réfugiées, non obstant la

sauve-garde qu'on avoit en papier dudit duc d'Orléans,
à laquelle les soldats n'ont voulu avoir aucun égard,
c'est ce qui obligea Dom procureur de recourir à l'armée, et aller tant de jour que de nuit pour avoir un
sauve-garde et éviter la désolation totale de la maison.
Enfin après beaucoup de peine et de diligence, il obtint
un des gardes du marquis de la Ferté, qui demeura six
jours à la maison, à trois pistoles par jour ; mais après la
reddition des places susdites, M. le maréchal de Gassion,
s'estant mis dans l'abbaye de Marquette, et M. de Rautzau
dans l'abbaye de Loos, le dit garde n'a point voulu
demeurer plus longtems dans la maison, quoiqu'on l'en
ait pressé et importuné, et par prières et par promesses;
mais il a voulu à toute fin retourner à l'armée.

Le lendemain de son départ, qui estoit le 14ᵉ septembre, jour dédié à l'Exaltation de la Sainte-Croix,
plusieurs troupes sont venues, dont la plupart estoient
allemands et hérétiques, lesquelles ont pillé par trois
différentes fois la maison, sans y laisser ni pain, ni
sel, farine, ni aucun meuble, sans mesme épargner
les cellules des religieux, ni leurs petits outils et habits,
de sorte que ne pouvant plus subsister et estant con-
traints de céder à la violence et inhumanité de ces
barbares, ils s'assemblèrent tous pour prendre conseil
et délibérer de ce qu'ils feroient dans cette fascheuse
et triste conjoncture, et fut conclu d'un commun sentiment et d'une voix unanime, que Don André Cordonnier et Dom Arnould Longhet, profès de Tournay,
se retireroient en leur maison de profession, et que
Dom Hilarion Bernard et Dom Jérome Callot, retour-
neroient à Gosnay, d'où ils estoient venus quelques

mois auparavant, ledit Dom Hilarion ayant esté prieur
et ledit Dom Jérome estant profès de la dite maison.
Néanmoins le révérend père prieur de Gosnay, n'ap-
prouvant point que ces deux religieux vinssent en sa
maison sans avoir une obédience des supérieurs majeurs, retint seulement ledit Dom Jérôme, et renvoya
quelques jours après ledit Dom Hilarion à la Boutillerie, où il a demeuré quelques tems, et jusqu'à ce
que les supérieurs lui ont envoyé une obédience pour
aller redemeurer à Gosnay.

Le pieux dessein que l'on avoit formé de faire une
petite communauté dans cette chartreuse, d'y establir
la régularité et d'y faire l'office divin jour et nuit, a
esté ainsi malheureusement retardé et entièrement
rompu, par l'impuissance d'avoir les choses nécessaires
à la vie, à cause de la continuation des misères et ca-
lamités publiques de la guerre, de la famine, de la
peste et d'autres maladies contagieuses, qui ont ré-
duit dans les plus grandes extrémités les peuples de
la campagne; Dieu se servant de ces fléaux pour punir
les péchés des hommes et leur faire connoistre que sa
colère est irritée contre eux, pour qu'ils aient recours à la pénitence et qu'ils puissent trouver grace et
miséricorde.

Quoique les misères de la guerre aient continué encore plusieurs années après tous ces désordres dont
l'on vient de parler, et que pendant les sièges les
prises et reprises des villes de La Bassée et d'Armentières, la maison ait esté exposée d'estre encore
pillée et saccagée, néanmoins par la protection de
Dieu, et par la précaution que les supérieurs ont

prise d'aller toujours de bonne heure au devant des officiers généraux des armées, pour obtenir des sauve-
gardes, elle a évité ces grands malheurs, mais elle
n'a pas laissé de souffrir beaucoup dans ses censes et
autres biens de la campagne.

Car, en l'année 1648, l'archiduc Léopold, gouverneur des Pays-Bas, ayant repris au mois de mai sur
les Français la ville et la citadelle de Courtray, le
prince de Condé, général des armées de France a pris
peu de jours après la ville d'Ypres par composition.
Ensuite de quoi l'armée d'Espagne s'étant campée et
retranchée à Warneston, les Lorrains firent un détachement et brûlèrent par le saint jour de la Pentecoste
qui arrivoit le 8 de juin, notre cense de Frelinghien,
fauchèrent les herbes, les bleds, les avoines et rui-
nèrent entièrement ladite cense.

Quelques tems après, l'archiduc estant logé dans
l'abbaye de Loos, et son armée ayant campé aux environs de Lille, l'espace de trois semaines, les mois-
sons de nos censes d'Esquermes, d'Allennes et des terres
situées à Emmerin, Flers et Annappes ont esté toutes
emportées et perdues.

Mais si le bon Dieu, dont les desseins sont toujours
accompagnés de justice, affligeoit d'un costé cette maison toute nouvelle et encore naissante par ces pertes
et ces grands malheurs causés par la guerre, il la con-
soloit d'un autre, par la libéralité de plusieurs personnes, qui souhaitoient d'y voir un nombre de religieux pour y garder la régularité et y chanter les louanges
de Dieu, ou lui ont fait part de leurs biens, ou lui
ont donné quelques sommes d'argent, ou lui ont mo-

déré les droits seigneuriaux qui leur estoient dus, ou l'ont gratifié de quelques bienfaits considérables.

Messire François Leclerc, prestre seigneur de Montisant, chanoine de l'église métropolitaine de Cambray et frère au révérend père Dom Agathange dont il a esté souvent parlé ci devant, pour l'augmentation de la gloire de Dieu et pour la rédemption des peines dues à ses péchés et à ceux de ses père et mère, frères, sœurs et autres trépassés, a donné le 24 avril 1647, par don d'entre vif et irrévocable à cette chartreuse, une cense au village de Becquillies pays de Hainaut : consistante en 43 ou 44 bonniers de terre en labour, champs, bois, prairies, pastures, dont 18 bonniers sur lesquels est la maison, font le fief de Lannoy, tenu de la seigneurie de Pestrien, enclavement de la chatellenie de Lille, et les autres sont main ferme du tenement de Hainaut.

Item, il a encore donné au mesme tems et par le mesme acte, environ douze bonniers de prairies séantes à Aubigies, dont cinq et demi sont tenus en fief et les six autres en mains fermes de la seigneurie de Templeuve et Dossemez, ce qu'il a depuis ratifié par son testament daté du 10ᵉ d'aoust 1652, à charge d'un obit annuel au jour de son trépas, et un autre pour les ames de ses dits père et mère et agens de qui avoit hérité ces biens, qui se rend tous les ans au commencement de septembre. Par lequel testament il a aussi légaté à cette maison tous ses livres de théologie, se recommandant et tous ses parens dans les prières, les sacrifices et autres bonnes œuvres des religieux qui seroient dans sa dite maison. Il est mort le 14 avril

1653, ayant eu une messe de *Beatâ Mariâ*, un trien-
naire singulier et un anniversaire par tout l'ordre.

M. Philippe Lefebvre, prestre et pasteur de Fromelles
et doyen de chrétienté du décanat de La Bassée dont
il a esté parlé ci dessus, est mis comme bienfaiteur
dans le calendrier de la maison, au 1er d'octobre,
quoique l'on n'ait point escrit, et que l'on n'ait point
trouvé de mémoire pour sçavoir ce qu'il a donné.

Messire Charles de Pressi, chevalier seigneur de
Flenques, à consenti par une apostille du 12 mai 1628,
que la maison pust retenir et posséder deux bonniers
et dix cens séant sur les paroisses de Frelinghien et
d'Houplines, donnés par M. le fondateur tenues en deux
fiefs avec deux autres, ceux des terres tenues en cotterie de sa dite seigneurie de Flenques, acquittés moyennant la somme de quatre vingts florins, tous les droits
seigneuriaux et d'indemnité ou d'amortissement qui lui
estoient dus à cause des dites terres par acte du 20
octobre 1670.

M. Jacques de Voogt, escuyer seigneur de Sonne-
beck, père et tuteur de Jacques Charles de Voogt,
seigneur de Roncq, du chef de feue dame Anne
de la Cauchie sa mère, moyennant la somme de mille
trois cens florins et un obit chanté dans cette chartreuse, immédiatement après que son trépas y seroit annoncé, a quitté tant les droits seigneuriaux que d'indemnité, qui lui estoient dus à cause de la donnation faite par feu M. Levasseur du fief Duquesne contenant huit bonniers ou environ de terres situées es
paroisses de Flers d'Annappes, avec les appendances et
mouvances du dit fief, par un acte du 5 de février 1648.

9

Honneste jeune homme Philippe Desplanques, natif
de Béthune, neveu au révérend père Dom Philippe
Béharel procureur de cette maison, a légué peu de
jours avant sa mort arrivée à Arras, le 1ᵉʳ d'avril 1648,
la somme de cinq cens florins pour estre employés à
faire les derrières du petit cloistre.

M. Antoine Blave, prestre et chapelain de la chapelle de Notre-Dame au Maisnil, a donné à son trépas qui fut le 26 novembre 1648, une lettre de rente
sur MM. Morel et sa femme demeurant à Erquin-
phem portant en capital trois cens florins, laquelle
rente ayant esté remboursée quelques années après,
les deniers en provenans ont esté employés à l'acquisition de quelques fonds de terres.

M. Thomas Brasme, prestre et pasteur du Maisnil en
Weppe, après s'estre démis de sa cure en faveur de
maître Simon Leuridant son neveu, s'est retiré à
cause des guerres en cette chartreuse, où il a demeuré plusieurs années, et pour la bonne affection
qu'il lui portoit, il lui a donné par un acte du
13 mars 1649, une maison avec deux bonniers et
deux cens tant jardin que terres à labour séant en la
rue qui va à la Marlaque, tenus de La Boutillerie
qu'il avoit acheté du seigneur et dame de Cocove; et
par un autre acte du 1ᵉʳ de février 1650, il a encore
donné un champ d'environ huit cens de terres à labour
nommé le court talon, tenus aussi de la Boutillerie et
aboutant au grand chemin d'Armentières, priant ensuite de la donation dudit champ tous les religieux
prestres de dire chacun une messe et ceux qui ne cé-
lébroient point de faire la sainte communion au jour

ou a quelques jours voisins de l'anniversaire de son trépas. Lesquelles donnations il a depuis ratifié par devant Adrien Delattre, notaire public résident à Fleur-baix, en présence de témoins le 12 novembre 1661. Il est mort au Maisnil, le 13 juin 1668.

Ledit maistre Simon Leuridant neveu, successeur à la cure et donataire dudit maistre Thomas Brasme, pour la bonne affection qu'il portoit à la maison et pour d'autres raisons à ce mouvantes a donné par un acte passé pardevant Venant Leplat, notaire résident au Maisnil, le 15 janvier 1686, cinq cens de terres à labour séant à Fromelles tenus en fief de la sei-gneurie dudit Maisnil.

M. Guillaume Vandergracht, seigneur de Pasquen-dal et bail et mari de dame Magdeleine de Saint-Ve-nant, dame de la Broy-Dadizelles, moyennant la somme de quatre cens florins qu'il a reçue, à déclaré estre content et satisfait des droits de donation et d'in-demnité ou d'amortissement du fief courtois donné par M. Levasseur, contenant quatre bonniers de terres séant en la paroisse de la Magdeleine auprès de Lille, tenues de ladite seignerie de Dadizelles, par un acte du 26 octobre 1650.

Messire Philippe de Haynin, chevalier, seigneur du Maisnil, Bernieulle, etc., par un apostille, datée du 14 novembre 1652, à la requette que lui avoient pré-sentée les prieurs et religieux de cette maison, pour qu'il leur permist de retenir et posséder deux bonniers treize cens d'héritage, séans à Fromelle, avec le fief de la Bretagne et quelques rentes y appendantes, tenus en fief de la seigneurie du Maisnil, que le susdit maistre Thomas Brâme avoit achetée pour eux, des enfans de Judith Jacquemont, a donné, non seulement la permission demandée, mais aussi afin d'avoir part aux prières des dits religieux, a quitté le droit d'indemnité et d'amortissement des susdits frères. Il est mort le 8 septembre 1684.

Messire Albert André de Sainte-Aldegonde, baron de Maingoval, et dame Anne d'Oignies, baronne de Fromelles, son épouse, ont quitté par un apostille d'une requette à eux présentée, du 13 juillet 1657, les droits d'achat et d'indemnité de quatre cens de terres séans à Fromelles et en tenus, achetés des héritiers de Jean Delebecque.

M. Deleval, dame Marguerite de Fourmestraux, et messire Michel de Lannoy, chevalier, seigneur du Carnoy, ont quitté à cette chartreuse, par un acte du 1er septembre 1660, tous les droits d'achat et d'indemnité de vingt-cinq cens de terres situés en trois pièces à Fromelles, achetés de diverses personnes, et tenus pour cinq cens en fief, pour le reste en cotterie de la seigneurie Deleval qui leur appartenoit, afin d'estre participans aux saints sacrifices, aux prières qui se font et se feront en la dite chartreuse.

M. Denis Attoligni, procureur-général de Mgr le cardinal d'Este, abbé de Saint-Vaast d'Arras, suffisamment autorisé dudit seigneur, et du consentement de MM. les prieurs et religieux de la dite abbaye, capitulairement assemblés, à quitté moyennant la somme de mille livres monnoie de France, et d'une reconnoissance annuelle de cinq onces de fin argent vers la dite abbaye, les droits d'indemnité et a amorti à toujours par un acte passé à Arras, le 23 de mars 1669, pardevant Jean-Baptiste Mauduit et M. Debeaussart, no-taires-royaux, toutes les terres que la maison avoit ac-quises au pays de Lallœu jusqu'à ce jour, consistant en quatre maisons et en trente-un à trente-deux bon-niers, tant jardins que terres à labour, situées pour la plupart sur la paroisse de la Ventye, et les autres sur Fleurbaix et la Gorgue.

Il y en a encore d'autres qui ont diminué les droits qui leur estoient dust. Le sieur Philippe Dekessel, chevalier seigneur de Milleville, a modéré les droits de six cents de terre à labour, séant à Esquermes, tenus en cotterie de son fief du petit Lambersart, achetés du sieur Drayon de la Flamingrie en 1664. Les dames de l'Abbiette à Lille ont modéré les droits de deux bon-niers deux cent de terres, séant au bas de Fromelles vers la Martaque, tenus de leur fief dudit Fromelles, achetés du sieur Antoine Dubus en 1659, quelques autres en ont fait de mesme que l'on ne rapporte point spécifiquement, d'autant que ni les droits qui leur es-toient dus, ni les modérations qu'ils ont faites, ne sont point d'une grande conséquence.

Ce seroit commettre une grande méconnnoissance et ingratitude, si entre ceux qui ont fait du bien à cette maison, l'on n'y plaçoit très honorablement Mgr Michel Letellier, chancelier de France, à qui il semble que la divine Providence avoit inspiré une affection très tendre pour toutes les maisons et toutes les personnes de l'ordre, pour qu'il leur servit d'azyle et d'appui dans les tems fascheux, particulièrement à celles qui ont esté exposées aux dangers d'estre ruinées et entièrement

saccagées pendant celle funeste guerre, qui sembloit
s'augmenter de plus en plus par sa longue durée, et
qui n'a esté enfin terminée que par la paix des Pyrénées,
en 1660, après vingt-cinq ans de misère et de désolation dans le pays voisin. Les deux maisons de Gosnay
et de Saint-Omer, et celle-ci de la Boutillerie, doivent
après Dieu leur conservation à M. Letellier, car après
plusieurs très grands emplois, dont il s'est toujours
très dignement acquitté à la satisfaction du prieur et
des peuples, ayant esté fait ministre secrétaire d'estat,
en 1643, il procura plusieurs graces et priviléges à
tout l'ordre, et entre autres il exempta les maisons
de ces pays de payer les grosses contributions que les
gouverneurs de ces villes voisines exigeoient, et qui
désoloient tout le pays, et dont il n'y avoit que les
maisons et fermes des chartreux qui en fussent affran-
chies. Il ne venoit pas d'officier général dans ces quartiers, il n'y avoit pas de gouverneur ni de commandant
dans les villes voisines que le roi avoit conquises, à
qui il ne recommandât les maisons chartreuses, à qui il
n'escrivit des lettres très civiles en faveur des dites maisons, en les assurant que toutes les bontés qu'ils leur
témoigneroient et tous les services qu'ils leur rendroient,
il les estimeroit faits à sa personne, et qu'il ne leur
seroit pas moins obligé et reconnoissant. Les deux maisons de Gosnay, et particulièrement celle des moniales,
se trouvant dans une très grande misère et pauvreté,
il leur fit donner le pain de munition que l'on donnoit
aux soldats, de sorte que tous les mois on alloit à
Béthune recevoir la paie ou le prix des dits pains, qui
leur estoit fidèlement donné par le thrésorier des guerres.

Enfin dans tous les accidens, dans tous les malheurs, dans tous les besoins plus pressans, l'on avoit recours à lui de tous les endroits où l'on avoit guerre, et on le trouvoit toujours prest d'aider et protéger les maisons et les personnes de l'ordre avec autant de promptitude et de bonté que s'il avoit esté lui mesme enfant de l'ordre, pour lequel, selon qu'il a dit souvent, il avoit eu de l'affection dès l'age de huit ans, laquelle affection s'estoit beaucoup augmentée par l'étroite amitié qu'il avoit contractée avec le révérend père Dom Pierre de Floigny, profès de la chartreuse de Paris, et qui dans la suite a esté prieur de sa dite maison de profession et de celle de Bourg-Fontaine et convisiteur de la province de France. La conversation de ce bon religieux, qui estoit fort doux, humble, sincère et tout à fait éloigné des manières du monde, plaisoit tant à M. Letellier, que lorsqu'il pouvoit se dérober aux affaires de l'estat qui l'occupoient, et gagner quelque peu de tems, il venoit à la chartreuse pour voir Dom Pierre et s'entretenir avec lui avec autant de familiarité et de cordialité et de simplicité que feroient deux enfans parfaitement amis et d'une condition égale, d'un mesme sentiment et d'une mesme inclination.

Après que M. Letellier eut servi le roi en qualité de conseiller, ministre et secrétaire d'estat l'espace de trente-cinq ans, il fut fait chancelier et garde des sceaux de France, en 1677, et quoi qu'il fut lors fort avancé en âge, il ne laissa pas de s'acquitter de cette fonction, de cette première dignité de la robe, avec la mesme prudence et force d'esprit qu'il avoit fait paroître et admirer dans toutes ses autres charges. Toutes les belles

qualités qu'il possédoit, et surtout la douceur et la
patience avec lesquelles il recevoit et escoutoit tout le
monde qui venoient à lui ; la modération et la modestie qu'il a conservée mesme dans sa plus grande
élévation lui avoient tellement acquis l'estime et la
vénération du public, qu'il fut regretté universellement
au jour de sa mort, qui arriva à Paris, le 30 octobre
1685, à la quatre-vingt-troisième année de son âge.

Le chapitre général qui fut tenu au mois de mai
de l'année suivante, lui donnant tous les bénéfices de
l'ordre en reconnoissance de tous ses bienfaits, lui
donna aussi cet éloge dans la carte du dit chapitre [1].

Encore bien que l'ordre du tems semblât demander
qu'on rapporta en cet endroit ce qui s'est passé dans
cette maison pendant les années qui ont suivi les pillages
et les pertes considérables qu'elle a souffertes, dont on
a parlé ci dessus ; il semble néanmoins qu'il est raisonnable qu'à toutes ces grandes bontés de Mgr Letellier
on joigne celles de M. le marquis de Louvois, son
fils aisné, qui n'ont pas esté moindres, et qu'on ne
sépare ni éloigne pas de ce digne père, ce digne fils
qui l'a parfaitement suivi et imité dans la grande affection qu'il portoit aux maisons et personnes de l'ordre

---

[1] « Obiit excellentissimus dominus D. Michael *Letellier,* Franciæ can-
» cellarius, cujus memoria in toto ordine semper erit in benedictione,
» tum propter incomparabilem ejus in domos et personas ordinis cujus-
» vis regionis benevolentiam, tum propter innumerabilia ejus beneficia
» toti ordini præstita eo affectu, qualis desiderari potuisset ab ipsius ordi-
» nis alumno et professo, hujus plenum cum psalteriis monachatum et
» missam de beatâ Mariâ per totum ordinem et anniversarium perpetuum
» scriptum in calendariis domorum sub die obitûs sui, qui fuit trigesima
» octobris. »

des chartreux ; et qui ayant esté fait ministre, conseiller
et secrétaire d'estat environ vingt ans avant la mort
de son illustre père, leur a fait tous les biens et leur
a rendu tous les services possibles ; aussi elles avoient
en tous leurs besoins leur recours à lui, comme elles
avoient eu à M. Letellier, et elles y recevoient le mesme
secours et la mesme protection. Les maisons du Pays-
Bas ont particulièrement ressenti les effets de sa bienveillance pendant les guerres qui ont esté terminées
par les traités de Nimègue et d'Aix-la-Chapelle, et pendant les premières années de celle qui n'a fini que
par la paix de Risvick, car il les a rendu exemptes et
toutes leurs terres de toutes contributions et autres
subsides ou impositions, et leur a fait plusieurs graces
considérables. Il est mort subitement le 15 juillet 1691,
et le chapitre général de l'année suivante lui a donné,
pour marque de reconnoissance de tous ses bienfaits,
tous les bénéfices de l'ordre en ces termes [1].

La protection et les graces que cette maison a reçues
de M. Letellier, et surtout l'exemption des contributions, l'ayant fait respirer après les malheurs et les
pillages qui lui sont arrivés en l'an 1645, ainsi qu'il
a esté dit ci dessus, l'ont mise ensuite en estat de
recommencer ce qu'elle avoit esté obligée de quitter en
la dite année, sçavoir, de prendre des religieux en
assez grand nombre pour faire l'office divin, pour garder
la discipline et observance religieuse, la solitude et le

---

[1] « Obiit illustrissimus Franciscus Michael *Letellier* marchio *de Louvois*
» regis à secretis, regni administer, ordinis regii cancellarius, singularis
» fautor et benefactor ordinis. Habens plenum cum psalterio monachatum
» et missam de beatà Marià per totum ordinem et ann. perp. scrib. in
» calendario domorum sub die obitus sui, qui fuit 15ᵃ julii. »

silence comme dans les autres maisons conventuelles, et enfin pour vestir des novices et les recevoir à probation et profession.

C'est ce qui a esté exécuté en 1654, sur la fin de laquelle année, y ayant sept à huit religieux dans la maison, on a reçu et mis en celles deux postulans, dont il n'y en a eu qu'un qui a persévéré, sçavoir, Dom Denis Druon Delecourt, natif de Camphin, qui ayant esté vestu la veille de la Purification de la sainte Vierge, en 1655, a fait profession et a esté le premier qui dans cette maison s'est consacré et présenté à Dieu par les vœux de la religion, en ce saint jour auquel la bienheureuse Vierge a présenté son Fils au Père éternel, en 1656; ce religieux a esté fait sacristain en 1662 jusqu'à l'année 1669, en laquelle il fut nommé procureur par la carte du chapitre général, et a exercé louablement cet office jusqu'au jour de sa mort, qui fut le 24 mai 1699, estant âgé de soixante-dix ans.

En la mesme année, 1656, Dom Antoine Rogeau, natif de Calonne-Ricouart, et curé, depuis vingt-six ans, d'Edigneul et de Gosnay, a esté reçu; comme aussi Dom Paul de Clety, natif de Fauquenbergue, qui estoit prestre et chapelain de Haverskerque. Après leurs mois de probation en habit séculier, le dit Dom Antoine ayant demandé un assez long espace de temps pour régler ses affaires, le dit Dom Paul a esté vestu auparavant et a fait profession le 20 aoust, et le dit Dom Antoine le 17 septembre 1657. Dom Augustin Deletour, natif de Valenciennes, a esté vestu en la mesme année, et a fait sa profession le 10 d'aoust 1658.

Le révérend père Dom Denis Dufay, natif de Tour-

nay, et profès de chartreuse, qui, de vicaire de la
Sylve bénite, avoit esté envoyé par la carte du chapitre
général, 1645, premier vicaire de cette maison, est
mort le 14 janvier 1659, âgé de cinquante-six ans,
ou environ, laissant une mémoire de très bonne odeur
à cause de sa grande exactitude pour l'observance,
et de la modestie, humilité et admirable douceur qui
reluisoient en toutes ses paroles et actions; le dit Dom
Antoine Rogeau a esté fait vicaire en sa place.

Le 28 septembre 1660, est décédé le révérend père
Dom Jean de Meldeman, natif de Namur, et fils du
lieutenant-gouverneur du château, qui après avoir esté
page à un des premiers seigneurs de la cour de Bruxelles
se fit religieux à la grande chartreuse, où ayant exercé
l'office de courrier sous le révérend père Dom Bruno
d'Affringues, il fut envoyé prieur en la maison de
Sainte-Croix, dans le Forez auprès de Lyon, et de là
à celle de Bonlieu, dans la Franche-Comté de Bourgogne; et puis, à la prière de M. Levasseur, il fut
fait prieur de la nouvelle maison de la Boutillerie par
la carte du chapitre général en ces termes [1].

C'étoit un religieux d'une grande piété et d'une grande
vertu, dont la principale occupation avoit esté aux
exercices de la vie spirituelle et à la lecture des bons
livres, spécialement de ceux du père Louis de Grenade
et de saint François de Sales, à qui il portoit une
dévotion singulière, parce qu'il avoit eu le bonheur de

[1] « Cum jam perfecta et extructa sit nova domus de Doloribus beatæ
» Mariæ propè civitatem insularum ad instantiam illustris et magnifici
» domini Joannis *Levasseur* illius domus fundatoris, præficimus in prio-
» rem V. P. D Joannem *de Meldeman*, propterea à prioratu domus boni
» loci absolutum. »

le voir et de lui parler en chartreuse, tandis qu'il en
estoit procureur ou courrier. Aussi son entretien le plus
ordinaire étoit de parler *de bonis et utilibus ad perfec-*
tionem spectantibus, et il en parloit avec tant d'onction,
que ceux qui l'entendoient en estoient consolés et édifiés.

Il semble qu'ayant parlé du voyage que saint François
de Sales a fait à la grande chartreuse, l'on ne doit
pas laisser ni omettre une chose ou circonstance que
de célèbres auteurs, qui ont escrit la vie de ce grand
saint ont jugé y devoir estre mise, et dans laquelle
Dom de Meldenian y a quelque part, qui est que quand
ce saint prélat fut en chartreuse, après que le vénérable
père Dom Bruno d'Affringues l'eut reçu avec tous les
témoignages possibles de la véritable joie qu'il ressentoit, aussi bien que du profond respect qu'il lui portoit, et l'eut entretenu un assez long espace de tems,
il lui demanda ensuite la permission de se retirer afin
de prendre un peu de repos pour assister aux matines,
que ce bon prélat l'avoit approuvé et mesme avoit fait
voir qu'il en estoit très content et édifié; Dom Courrier
lui répondit : « Mon révérend père, nous n'avons pas
» souvent des personnes du mérite de M. de Genève,
» je pense que votre révérence ne feroit point mal,
» et que le bon Dieu n'auroit point pour désagréable
» qu'elle s'absentât une fois des matines pour demeurer
» et s'entretenir avec son fidèle serviteur. » Le révérend
père, trouvant bon ce que Dom Courrier lui avoit dit,
retourna sur ses pas et dit à M. de Genève : « Mon-
» seigneur, je viens de rencontrer Dom Courrier, qui
» m'a dit que je pouvois et devois m'absenter de matines
» pour avoir l'honneur de jouir de votre bonne com-

» pagnie et de votre sainte conversation. » Ce qui contenta et édifia tellement le saint prélat, qu'il en parlât
depuis avec admiration, comme d'un rare exemple de
la candeur et simplicité chrétienne qu'il avoit remarqué
dans ces bons religieux solitaires.

Le révérend père Dom de Meldeman avoit assisté à
trente-six chapitres généraux avant qu'il vint estre prieur
de la Boutillerie; il estoit âgé d'environ quatre-vingts
ans quand il mourut, dont il en avoit passé louablement
plus de soixante dans l'ordre; et il a eu un plein monachat avec les psautiers, une messe de *Beatá*, et un
anniversaire perpétuel par tout l'ordre.

Après le décès du dit Dom Jean de Meldeman, y
ayant dans la maison quatre religieux profès, qui est
le nombre que le statut demande nécessairement pour
pouvoir faire légitimement élection d'un prieur, et puis
le procureur et le sacristain ayant aussi voix alors, quoi
qu'ils ne fussent point profès de la maison; de laquelle
voix tous les officiers non profès de la maison élisante,
excepté le vicaire, ont esté depuis privés par ordonnance
du chapitre de l'an 1679, insérée dans les statuts de
la dernière édition; l'on a demandé et procédé à une
élection à laquelle présidèrent les vénérables pères Dom
Pierre Antoine Pecquins, prieur de Valenciennes, convisiteur de la province de Picardie, depuis visiteur de
celle de Tentonie, et Dom Michel Dubus, prieur de
celle de Tournay, depuis convisiteur et visiteur de cette
province. Le révérend père Dom Antoine Rogeau, qui
avoit quelques mois au dessus des trois ans de profession requis par le statut pour estre éligible, y fut élu
canoniquement, et son élection ayant esté confirmée

par les susdits vénérables pères présidens ou scrutateurs, elle le fut aussi par la suite par le vénérable père Dom Jean Pegon, prieur de la grande chartreuse et général de l'ordre, par une apostille datée du 5 mars 1661, à la requette que lui présentèrent les conventuels pour demander la dite confirmation.

En la mesme année 1661, Dom Hugues Toudreau, natif d'Antoing auprès de Tournay, qui estoit prestre et avoit fait quelques années de théologie à Louvain, ayant esté vestu par le père prieur défunt, environ un an auparavant qu'il mourut, fit sa profession le 24 février, jour de saint Mathias.

Par la carte du chapitre de la mesme année, le vénérable père Dom Philippe Béharel, après avoir esté seize ans et demi procureur de cette maison, fut envoyé recteur de la nouvelle maison de Douay, de laquelle, deux ans après, il a esté fait prieur, et en sa place Dom Paul de Clety a esté fait procureur, qui a resté en cet office jusques au chapitre de 1669, quelque tems après l'institution de Dom Paul pour procureur, le vénérable père Dom Claude Bécourt, profès et sacristain de la maison de Gosnay, fut envoyé vicaire de celle-ci, et y a demeuré jusqu'à la carte de l'an 1667.

Le 8 de septembre de la mesme année 1661, jour de la Nativité de la très sainte Vierge, Dom Joseph Dragmet, natif de Binge, et Dom Anthelme Ruyant, natif de Gondecourt, firent leur profession, ayant esté vestus par le feu père prieur.

Dom Charles Brulant, natif de Neuville auprès de Bouchain, prestre et chapelain du dit Gondecourt, ayant esté mis en celles pour faire son mois d'approbation en habits séculiers par le feu père prieur, il fut vestu par le nouveau aussitôt après qu'il fut installé, et a fait sa profession le 11 février 1662.

Dom Jean Baillet, natif de Lille, prestre, et chapelain des dames de Marquette, a fait sa profession le 20 mai 1663.

Dom Michel Archange Cuvelier, natif de Wicres, fit vesture le 25 avril 1663, et profession le 24 juin, jour de saint Jean-Baptiste, 1664, ayant esté retardé de deux mois à cause du voyage que Dom Prieur fit cette mesme année au chapitre général; et Dom Ferdinand de Fourmestraux, natif de Lille, a fait la sienne le 6 juillet de la mesme année 1664.

Dom Martin Coemans, natif de Ham sur Heure, dans le diocèse de Liége, fit profession le 30 novembre 1665; et Dom Bruno Fauquenbergue, natif de Calonne sur la Lys, a fait la sienne le 26 avril 1666.

Par la carte du chapitre général de l'an 1667, le vénérable père Dom Claude Bécourt, vicaire de cette maison, fut renvoyé exercer le mesme office en sa maison de profession à Gosnay, dont quelques années après il a esté fait prieur, et dans la suite a esté convisiteur et visiteur de la province jusqu'à l'année 1692, en laquelle il est mort montant au chapitre général; et en sa place Dom Joseph Drahnet fut fait vicaire par la dite carte.

En 1668, Dom Jean Laumosnier, natif de Bruxelles, et profès de Louvain, qui de vicaire de la maison de Saint-Omer avoit esté envoyé en celle-ci par la carte de 1667, y est décédé le 16 novembre, y ayant donné l'exemple d'une grande piété et d'une conversation vraiment religieuse, qui estoit pour l'ordinaire *de bonis et utilibus rebus* ; il estoit âgé de quarante ans.

Par la carte du chapitre de 1669, Dom Paul de Cléty, procureur, a esté fait sacristain ; et Dom Denis Druon Delecourt a esté mis procureur, qui a demeuré en cet office jusqu'à sa mort, ainsi qu'il a déjà esté dit.

Le 24 juillet 1670, les vénérables pères visiteurs accordèrent, en acte de visite, à Dom Joseph Draghnet la miséricorde et absolution de l'office de vicaire qu'il leur demanda, et ils instituèrent en sa place Dom Archange Cuvelier.

Dom Jean Baillet, neuvième profès de cette maison, a payé le premier de tous ses comprofès le tribut que tous les hommes doivent, qui est de retourner à la terre dont ils sont tirés ; il avoit esté mis coadjuteur en la maison des moniales de Gosnay, tout au commencement de l'année 1668, et il est décédé le 25 juillet 1670, âgé de trente-six ans, ou environ.

Dom Jean-Baptiste Blomme, natif de Lille, a fait la profession le 27 janvier 1672 ; et Dom Antoine Dehaize, natif de Commines, a fait la sienne le 24 avril de la mesme année.

Dom Nicolas Ducarin, natif de Houdain, a fait sa profession le 18 de juin 1673 ; et Dom François Houseau, natif de Douay, qui estoit prestre licencié en théologie, et curé douze ans à Bouchain, et autant de tems dans la paroisse Saint-Géry à Arras, s'estant rendu religieux en cette maison, y a fait sa profession le 15 avril 1674.

Dom Hugues Toudreau, cinquième profès de cette maison, est le second qui est entré dans la voie universelle de toute la nature humaine. Ayant esté envoyé de vicaire de la maison de Valenciennes en celle des moniales pour remplir l'office de coadjuteur, vacant par le trépas de Dom Jean Baillet, il est mort le 18 février 1677, âgé de quarante ans.

Par la carte du chapitre de la mesme année 1677, Dom Michel Archange Cuvelier, vicaire de cette maison, a esté envoyé coadjuteur en la maison des dites moniales, et Dom François Houseau a esté establi vicaire en sa place.

Dom Jérome Hallot, natif de Béthune et profès de la maison de Gosnay, avoit esté démis de vicaire, et envoyé dans cette maison par la carte du chapitre de 1667, et il est mort le 20 aoust 1679, âgé d'environ quatre-vingts ans, ayant donné l'exemple d'une grande assiduité au chœur dont il ne s'est absenté que très rarement, et y a toujours chanté avec une voix forte jusqu'à la fin de sa vie.

Dom André Taisne, natif d'Aneu dans le Cambrésis, a fait sa profession le 1er de mai 1680 ; et Dom Lambert Blave, natif de Corbehem auprès de Douay, a fait la sienne le 7 de septembre de la mesme année.

Dom Théodore Doudenarde, natif de Hélemmes auprès de Lille, a fait profession le 8 décembre, jour de la Conception de la très sainte Vierge, 1681 ; Dom Hugues Client, natif de Bailleul, la fit le 19 avril 1682, il est le dix-septième et dernier de ceux qui ont fait profession pendant tout le tems que le révérend père Rogeau a esté prieur, entre lesquels il y en a eu plusieurs qui ont fait quelques dons à la maison.

Dom Jean Baillet a donné à sa profession dix-huit

10

cens florins, qui ont esté aussitost après donnés à la maison de Douay, à compte de la somme de six mille florins que cette maison lui avoit promise pour l'érection d'une cellule, ainsi qu'ont fait les chartreuses de Valenciennes, de Gosnay les hommes, et de Tournay.

Dom Michel–Archange Cuvelier a donné à sa profession la somme de quatorze cens florins.

Dom Bruno Fauquenbergue a donné à la charge de payer quelques dettes, qu'il avoit une petite maison séante à Faughissart, paroisse de la Venthye, avec dix cens tant jardin que terre à labour. Il a encore donné un champ de quinze cens de terre à labour, situés sur la paroisse de Lestrem, nommé le champ Déon, et une autre petite maison avec dix cens de jardin et environ quatre mesures et deux de terres à labour, séant audit Lestrem, chargés de grosses rentes seigneuriales : ce qui a causé dans la suite du tems ayant remarqué que les occupeurs ne payant presque rien de leur rendage, à cause que ces terres estoient d'un très petit rapport, et ne déchargeant pas lesdites rentes, les propriétaires s'estoient souvent trouvés obligés de les payer et décharger. L'on a jugé qu'il estoit plus utile pour la maison de vendre lesdites terres, situées à Lestrem, avec le consentement nécessaire du couvent et des supérieurs majeurs, pour les deniers en provenant estre employés à l'acquisition d'un fond qui apporteroit plus de profit. Ceci a esté ainsi exécuté. L'on a vendu avec lesdits consentemens lesdits héritages, séant à Lestrem et le prix en provenant, qui a esté de six cens écus, a esté employé avec une plus grosse somme à l'achat d'une petite cense, contenant six bonniers en terres à labour et jardin, très bien plantés d'arbres, sur la paroisse de Warneton, vendue par Jean Hulin bourgeois d'Armentières.

Dom Jean-Baptiste Blomme, a donné à sa profession cinq cens florins ; Dom Antoine Dehaze, a donné huit cens vingt florins ; Dom François Houseau, a donné six cens florins, outre les deux cens florins que presque tous les susnommés ont donné au jour de leur vesture. Il y en a encore quelques autres qui ont fait quelques petits dons à leur profession.

Il y a eu aussi plusieurs personnes ecclésiastiques et séculières, qui durant le priorat du vénérable Dom Antoine Rogeau, ont fait du bien à la maison et dont les noms sont escrits dans le calendrier.

M. Guillaume Vandermotte, prestre chapelain, et sous chantre de l'église collégiale de Saint-Pierre, à Lille, ayant eu la volonté en sa jeunesse de se faire chartreux, et n'ayant point pu l'exécuter pour quelques raisons, il a toujours porté une grande affection à l'ordre et particulièrement à cette maison, dont il a donné des marques par une chasuble de satin blanc, brodée en relief qu'il a donnée, et par un devant d'autel de velours rouge, avec la compassion de la Vierge, qu'il a fait broder en relief dans le milieu. Il est mort le 29 mai 16...

M. Jean Morillon, prestre et pasteur de Vermelle lez La Bassée, ayant esté autrefois chapelain de la Boutillerie, tandis que M. Levasseur estoit encore en vie, et ayant toujours depuis ce tems là porté de l'affection à la maison, il lui a donné deux cens florins à sa mort, arrivée le 1er février 1675.

M. Gaspard Leprévost, natif de Saint-Omer, prestre et vicaire ou vice curé d'Armentière, pendant plus
de trente ans qu'il a demeuré en cette ville, a conservé beaucoup d'amitié pour les supérieurs et religieux
de cette chartreuse, auxquels à sa mort arrivé le 16
février 16.... Il a donné tous ses livres et ses tableaux;
le grand passage qui représente Notre-Dame allant en
Egypte avec le petit Jésus et saint Joseph, en est un,
comme aussi celui du sacrifice de Judas Machabée, qui
sont dans la grande salle.

André Dumoulin, natif d'Estaires, estoit depuis longtems au service de M. Levasseur, quand il a plu à
Dieu de le retirer de cette vie mortelle. Voilà pourquoi il lui a donné par son testament pieux, en date
du 17 juin 1642, en reconnoissance de ses bons et
fidèles services vingt livres de gros, en tout cent vingt
florins sa vie durante et le louage de la maison, dans
laquelle il est mort et laquelle il avoit destinée pour
servir de refuge à la chartreuse, pour qu'il y demeurât
en servant de concierge et en se comportant en toute
honnesteté et modestie à l'égard des religieux. Lequel
Dumoulin, estant fait bailly de la Boutillerie, épousa
après la mort de son bon maître, Anne Boucher, servante dans la mesme maison, et n'ayant point eu des
enfans de leur mariage, donnèrent à cette maison pour
la bonne affection qu'ils lui portoient, une lettre de
rente de quinze cens florins en capital, créée à leur
profit sur Vaast-Bécu et sa femme, demeurant à Fleur-
bais; laquelle ayant esté remboursée quelques après
la dite donation, le deniers en provenans furent employés avec d'autres à l'acquisition de quelques fonds

de terres. Ledit André est décédé le 9 octobre de l'an
1672, et après sa mort, la dite Anne Boucher sa veuve
a encore donné un beau calice d'argent doré, sur le
pied duquel il y a le buste de sainte Anne sa patronne;
elle est décédée le 18 septembre 1681.

Le 29 janvier 1689, le révérend père Dom Antoine
Rogeau, troisième profès, second prieur de cette maison, a fini sa vie mortelle à l'age de 76 ans, dont
il en avoit passé trente trois ans et quelques mois louablement dans l'ordre, et 28 ans dans l'office de prieur,
il avoit eu le dessein de se faire chartreux aussitôt
après avoir achevé ses études, mais l'obligation où
il s'est trouvé d'aider son père et sa mère le fit
prendre l'estat ecclésiastique et la prestrise, et ensuite
la cure de Hesdigneul avec le secours de Gosnay, qu'il
a exercé environ 26 ans, et jusqu'à ce qu'il a plu
à Dieu de retirer de ce monde sa dite mère, à laquelle après qu'il lui a rendu le dernier devoir de
charité en la mettant en terre, il s'en alla aussitôt
après l'office de la sépulture, se présenter au révérend
père prieur de Gosnay, le priant très humblement de
le recevoir en sa maison, puisque les chaînes qui
l'avoient depuis si longtems arrêté dans le monde,
venoient d'estre brisées par la mort de sa mère, son
père estant décédé plus de 15 ans auparavant.

Le révérend père prieur de Gosnay, qui estoit Dom
Pierre Derisbourg, ne se trouvant pas alors en estat
de recevoir des novices, lui dit de s'aller présenter à
la nouvelle maison de la Boutillerie, et lui donna une
lettre pour le révérend père prieur, de qui il fut quelques tems après admis et vestu, et sous qui il a fait

profession le 17 septembre 1657. Quelques années après
sa profession, il fust fait vicaire et après prieur; il a
toujours eu beaucoup de zèle pour l'office divin, s'y
rendant fort assidu tant de jour que de nuit en y
chantant continuellement avec une forte voix, qui lui
a duré jusqu'à la fin de sa vie. Il a aussi toujours
beaucoup aimé la retraite et la solitude, ne s'espan-
chant point au dehors, ne sortant que rarement de la
maison et de sa cellule que par nécessité; ayant trouvé
encore plusieurs choses à faire dans la maison, il ne
les a point négligées, mais il a tasché autant qu'il a
pu de procurer le bien, l'ornement et l'avancement
d'icelle; le grand cloitre a esté blanchi, pavé et vitré
de son tems, les retables d'autel des chapelles ont esté
faites et posées; les escuries, la grange au bois auprès de l'église, les maisons joignantes le refuge à
Lille ont esté basties; trois censes au pays de Lalœu
ont esté acquises, comme aussi une cense à Steenwerk
et deux sur la paroisse de Nieppes, avec leurs jardins et terres à labour; il y avoit dix-huit cellules au
cloitre, accommodées et meublées et logeables lorsqu'il est mort, et le nombre des religieux estoit de
dix-sept compris un hoste et un novice.

Après sa mort, les conventuels demandèrent et eurent
élection. Le révérend père Dom Claude Bécourt, prieur
de la maison de Gosnay et visiteur de la province, y
estant venu présider avec le révérend père Dom Ma-
caire Bilouart, prieur de Valenciennes, ils élurent le
18 février 1689, Dom Michel-Archange Cuvelier, leur
comproſès qui estoit alors procureur de la maison
des Moniales de Gosnay. Laquelle élection ayant esté

confirmée par lesdits vénérables pères présidens ou
scrutateurs, elle l'a esté ensuite par le révérend père
Dom Innocent le Maçon, prieur de la grande chartreuse et général de l'ordre, par la lettre qu'il escrivit
au couvent eslisant [1].

Dom Pierre de Dourges, natif d'Espinoy, lez–Carvin,
ayant esté vestu et fait la plus grande partie de l'année
de son noviciat sous le père prieur défunt, a fait profession sous le nouveau, le 25 avril de la mesme
année 1689.

En 1691, peu de jours après la réception de la
carte du chapitre général, le révérend père Dom François Houseau, profès et vicaire de cette maison, a

---

[1] *En voici la copie :*

« Frater Innocentius prior Cartusiæ, ordinis cartusiensis minister gene-
» ralis V. V. in Christo P. P. conventualibus domus beatæ Mariæ de Dolo-
» ribus salutem.

» Lugendi quidem nobis causa fuit denunciatus obitus V. P. D. Antonini
» *Rogeau*, prioris domus vestræ, cui tandiù præfuit non cum modico
» laudis merito : at concordia vestra in eligendo successorem probitate et
» industrià in rebus agendis præditum non modice nos exhilaravit. Tenore
» ergo præsentium nostràque ac capituli generalis auctoritate super annum
» in nos transfusa V. P. D. Michaelem *Cuvelier*, professum domûs vestræ
» et procuratorem domus monialium *Gosnay* à vobis in priorem electum
» et à VV. PP. confirmatoribus et scrutatoribus confirmatum, plenariè
» confirmamus, in nomine Patris et Filii et Spiritus Sancti. Amen. Qua-
» propter sub hoc novo capite à vobis ipsis electo, novum charitatis ardo-
» rem conc¡pite, ut veluti membra benè cum capite coadunata, specimen
» omnimodæ perfectionis christianæ ad omnium intuentium ædificationem
» exhibeatis. Bene valete.

» Datum Cartusiæ, sub syngrapho et sigillo consuetis, hâc duodecimâ
» martii 1689. »

Estoit signé : F. Innocentius, prior cartusiæ.

Et plus bas : Frater Leo *Levasseur,* scriba reverendi patris et capituli
generalis. *Avec le grand scel de l'ordre imprimé sur de la cire verte.*

reçu une obédience du vénérable père visiteur, pour aller être procureur de la maison des moniales de Gosnay, en la place duquel le père prieur a institué vicaire Dom Paul de Cléty.

Dom Louis Roussel, natif de la Gorgue, une des quatre paroisses du pays de Lalloeu, a fait sa profession le 31 de mai 1693.

Le 14 septembre de la mesme année 1693, ledit Dom François Houseau, dix-septième profès de cette maison, est trépassé en la maison des moniales de Gosnay, où il avoit esté envoyé deux ans et quelques mois auparavant pour y exercer l'office de procureur, après avoir exercé en celle-ci l'office de vicaire l'espace de quatorze ans; il estoit agé de 72 ans, dont il en avoit vingt-quatre dans l'estat séculier et dans les écoles, et vingt-quatre dans l'estat ecclésiastique et dans l'administration des cures de Bouchain et de Saint-Géry à Arras, et presque autant dans l'ordre des chartreux.

En 1694, Dom Paul Declety, se trouvant souvent incommodé à cause de ses infirmités et vieillesse, fust démis de vicaire par la carte du chapitre général, et Dom Hugues Eslieul fust establi vicaire en sa place.

Le 2 novembre 1696, Dom Martin Coëmans, 12e profès de cette maison, y est décédé agé de 57 ans, s'estant enrolé à l'age de 19 ans, dans un régiment que le prince de Liège avoit levé pour envoyer en Hongrie au service de l'empereur, il fust pris des Turcs et détenu quelques tems en Transylvanie, d'où s'estant évadé, il prit résolution de se faire religieux.

Le 24 mai 1699, Dom Denis-Druon Delecourt, premier profès de cette maison, est aussi décédé agé de 70 ans, dont il en avoit passé quarante – quatre louablement dans l'ordre, et trente dans l'office de procureur dont il s'est acquitté avec beaucoup de prudence, de religiosité et d'économie; il a pris un grand soin pour le gouvernement de la cense, qu'il a tenu par ses mains et par la vente des grains, des moutons et autres bestiaux. Après sa mort, le révérend père prieur a institué procureur, en sa place, Dom Hugues Eslieul vicaire, et Dom Jean-Baptiste Blomme fust fait vicaire.

Dom Basile d'Enneulin, natif de Lille, a fait sa profession le 17 janvier 1700; Dom Benoît Nullen, natif de la Buissière, auprès de Gosnay, fit la sienne le 7 février suivant; et Dom Bernard Treneau, natif d'Arras, l'a fait le 7 mai de la mesme année 1700.

Dom Antoine Maës, natif de Lillers, a fait profession le 6 aoust 1701, ayant esté retardé de quelques mois pour le voyage de Dom prieur au chapitre; et Dom Joseph Cuvelier, natif de Richebourg, a fait la sienne le 22 de mars 1702, auquel jour l'on célébroit, par transport, la solennité du glorieux saint Joseph, époux de la sainte Vierge.

Le second jour de l'an 1702, Dom Jean – Baptiste Blomme vicaire, a reçu son obédience pour aller demeurer à la maison de Gosnay lez–Hommes; et Dom Alexis Dorchy, profès de Valenciennes, qui y demeuroit est venu ici estre vicaire, lequel quelques tems après ayant témoigné désirer de retourner en sa maison de profession, son désir lui a esté accordé sur la fin du caresme de l'an 1703, et Dom Augustin Deletour a esté institué vicaire en sa place.

Maximilien Morel, natif du Maisnil, ayant servi, l'espace de dix ou douze ans, le révérend père Dom Jean Demeldeman, premier prieur de cette maison, et s'estant après la mort de son maistre establi et marié, à Estaires, avec Pierronne Patou, a toujours conservé une grande affection pour l'ordre et particulièrement pour cette chartreuse, à laquelle il venoit assez souvent, et laquelle il servoit suivant son petit pouvoir en toutes les occasions qui se présentoient. Et n'ayant eu de leur mariage qu'un fils qui a esté reçu et vestu frère, mais qui n'a point persévéré, et Dieu ayant béni leurs travaux en leur donnant d'honnestes commodités, ils en ont voulu faire part à ladite chartreuse pour marquer la grande amitié qu'ils lui portoient. C'est pourquoi ils lui ont premièrement donné une lettre de rente de quinze cens florins en capital affectée sur des personnes de Fleurbaix, s'en réservant néanmoins le fruit leur vie durante. Laquelle rente leur ayant esté remboursée, ils employèrent ledit argent à l'acquisition d'une petite cense, située au Maisnil, avec sept à huit mesures de jardin et terres à labour, qu'ils achetèrent de Pierre Gruson, pour la somme de quinze cent cinquante florins, laquelle ils donnèrent à cette maison en 1695, s'en réservant aussi la jouissance pendant leur vie, afin d'estre participant des prières et sacrifices des religieux et d'avoir chacun un service après leur trépas, dont celui de la dite Pierronne Patou, arriva le 19 aoust 1701 et celui dudit Maximilien Morel, le 31 octobre de la mesme année. Lequel Maximilien se trouvant fort incommodé depuis longtems, et s'estant fait amener sur un chariot à la chartreuse, pour y voir encore une fois les religieux ; il y mourut quinze jours après sa venue , et a esté enterré dans notre cimetière tout auprès de la croix de pierre , afin qu'il fust auprès du premier prieur , son bon et ancien maistre , ainsi qu'il avoit souhaité et demandé plusieurs fois pendant sa maladie.

Quelques tems après leur mort , comme l'on vit que la petite cense qu'ils avoient donnée , estoit fort caduque , qu'il falloit exposer beaucoup pour la rétablir , qu'estant tenue de la Boutillerie c'estoit en diminuer les rentes , et que d'ailleurs Marc Morel leur fils , témoignoit qu'il auroit esté aise de la reprendre en rendant le mesme prix qu'elle avoit coûté à acheter , on a trouvé bon de présenter une requeste au révérend père général avec le consentement et signature de tous les religieux , pour avoir la permission de la lui céder avec environ deux mesures d'autres terres , que la chartreuse avoit en trois ou quatre pièces auprès de la dite cense , pour toutes lesquels partie ensemble il est convenu de donner deux mille florins , qui ont esté reçus et employés avec d'autres deniers à l'achat de treize mesures de terres , vendues par Barthélémy Carlu , sur la paroisse de Steenwerk , dont sept mesures estoient joignantes aux terres d'une cense que cette maison a audit lieu acheté en 1685, de Pierre-Philippe et Jean-Baptiste Dehaze , frères , demeurant à Armentières , et les autres six à la cense qui a esté acheté en 1699, de madame la comtesse de Quevéghem et d'Hallennes.

Le 16 de septembre 1704 , Dom Paul de Cléty , ancien et second profès de cette maison , est décédé âgé d'environ quatre-vingt-six ans, dont il en avoit passé louablement quarante-huit dans l'ordre, et a assisté presque jusqu'au dernier jour de sa vie au service divin, autant de nuit que de jour, comme aussi au réfectoire et à tous les actes de communauté. Par la carte du chapitre il avoit esté fait procureur de la maison depuis 1669 jusqu'en 1673; et par la carte de 1674, il fut envoyé procureur de la maison des moniales de Gosnay, où il a demeuré jusqu'au mois de novembre 1684, auquel tems, se trouvant incommodé, il demanda à la visite de retourner à sa maison de profession, de laquelle il a esté institué vicaire, le 4 juin 1691, jusqu'à la carte du chapitre général de 1694.

Dom Charles Brullaut, huitième profès de cette maison, après avoir souffert avec beaucoup de patience des maux de ses jambes et d'autres fâcheuses incommodités pendant plus de vingt ans, qui l'obligoient de s'absenter des offices d'assez longs espaces, a esté enfin attaqué d'hydropisie, qui a fini ses douleurs et sa vie le 15 juin 1705; il estoit âgé de soixante-treize ou soixante-quatorze ans.

Le 30 novembre 1705, Dom Hubert Delcambre, de Camphin près de Seclin, a fait profession.

Dom Anthelme Ruyaut, septième profès de cette maison, est trépassé, le 7 février 1708, âgé de 71 ans, ayant enduré quelques années avant sa mort d'assez longues infirmités causées par une défaillance de la nature, pendant lesquelles il a toujours tasché de venir aux offices divins et autres actes de la communauté. Il avoit esté envoyé sacristain à Montreuil, en 1688, et il en fut renvoyé par la carte du chapitre de 1690.

La maison a beaucoup souffert depuis la prise de
la ville de Menin, en aoust 1706, par les alliés Allemands, Anglois et Hollandois; car non seulement les
terres que nous occupions et toutes nos censes furent
soumises à la contribution, mais encore notre cense
de Frélinghem a esté toute inondée par la rétention
des eaux que les Hollandois firent au dit Menin, qui
a duré jusqu'au siége de Lille, de sorte que tous les
arbres montans et fruitiers en moururent, les bastimens
de la cense dépérirent, et les prairies en furent gastées
pour plusieurs années.

Mais la maison a encore plus souffert pendant la
campagne de 1708, car après que l'armée des susdits
alliés eut remporté une victoire sur celles des couronnes
de France et d'Espagne, auprès d'Audenarde, le 11
juillet, la dite armée des alliés s'est venue porter, le
14 du mesme mois, auprès de Warneton, Wervick,
s'étendant jusqu'à Menin, et le 18, un détachement de
treize ou quatorze cens hommes sont allés en Artois
jusqu'aux portes d'Arras, et brûlèrent quelques maisons
dans le faubourg pour obliger cette province à payer
contribution. Mais les estats de la dite province ne s'y
estant pas voulu soumettre à cause de la défense que
le roi avoit faite de contribuer, la nuit du 25 au 26
du mesme mois de juillet, un corps d'armée, que l'on
a dit estre d'environ vingt mille hommes, ont passé
près de nos murailles pour y retourner; et s'estant
arrêtés à Lens, ils firent diverses courses dans l'Artois
et dans la frontière de la Picardie jusqu'à Dourlens,
où ils brûlèrent des maisons en plusieurs villages voisins;
et après que les contributions furent accordées, l'in-

fanterie, sous le commandement de mylord Orkenan, écossois, frère du duc Hamilton, est venue camper, le 4 aoust, à l'entour de la maison. La cavalerie, commandée par le comte de Tilly, estant demeurée à Fromelles jusqu'à Aubers, le lendemain de grand matin ils décampèrent pour aller rejoindre la grande armée auprès de Wervick, ayant fait de grands dégats par toutes les campagnes pour une seule nuit qu'ils y furent, et nous ayant enlevé tout ce que nous avions d'avoine, de foin et de tranesne fraiche dans nos greniers.

Le 13 du mois d'aoust suivant, Lille a esté investie, et pendant tout le siége de la ville, qui a duré dix semaines, jusqu'au 22 octobre, l'on s'est trouvé dans des peines et des inquiétudes continuelles à cause des grands désordres que l'on entendoit tous les jours estre faits par les soldats qui alloient fourager. La cour de notre cense a esté fouragé par des housards, qui foncèrent les portes et prirent une grande quantité de pièces de toiles, d'habits et de meubles appartenant à des personnes des villages voisins qui y estoient réfugiés, et dix ou douze jours après il nous est venu des troupes danoises et prussiennes avec des officiers, qui entrèrent dans les granges, et prirent ce qu'ils trouvèrent de foin, d'avoine, et quelques sacs de bled, et puis se retirèrent sans faire d'autres désordres.

Le 4 octobre, des troupes hollandaises sont venus prendre les bleds qu'ils trouvèrent dans la maison; puis le lendemain de bon matin nous eusmes encore des Allemands et housards, qui après avoir tué deux hommes auprès de la grande porte de notre cense, foncé la dite porte et troué le coin de la muraille,

entrèrent à foule par le jardin dans la cour de la maison,
courant de place en place pour piller ; nous perdîmes
un grand bœuf, quatre ou cinq génisses et deux cochons
gras, qu'on ne s'estoit point avisé de mettre hors des
étables de la cense, qu'ils coupèrent en pièces et les
emportèrent ; ils pillèrent quantité de coffres qui estoient
dans les greniers en dessus des écuries et dans celui
de la grange au bois, qu'un paysan, par une grande
stupidité, leur avoit ouvert, et il estoit fort à craindre
que toute la maison eust esté pillé, si un lieutenant-
colonel des dragons hollandois, qui venoit avec une
partie de son régiment prendre le reste de nos bleds
ne les eust chassé. Les Hollandois, en ces deux jours,
4 et 5 octobre, nous enlevèrent environ neuf cent
cinquante razières de bled, et sept cens et quelques
razières appartenant à des personnes qui les avoient
réfugiés, sous promesse néanmoins que l'on en seroit
payé des estats de Hollande selon le prix du marché.

Mais c'est principalement pendant le siége de la citadelle que la chatellenie de Lille, et cette maison en
particulier, ont beaucoup souffert. Car les paysans ayant
reconnu que les grains n'estoient point en sûreté, ni
dans les forts, ni dans les châteaux, ni dans les monastères, ni dans les églises mesme avec plusieurs sauve-
gardes, les retirèrent pour la plupart de ces lieux et
les cachèrent en terre ; de quoi les soldats estant informés
parcouroient tous les jours les jardins et les campagnes,
sondant avec leurs épées et les pieds de leurs chevaux
les places où les grains estoient cachés. A peine se pas-
soit-il un jour sans qu'on les vist se répandre sur les
champs allant faire la recherche, de sorte qu'il y a eu

très peu de ces caches aux grains qui ne fussent décou-
vertes, et la disette estant dans l'armée assiégeante, à
cause que celle de France bordoit l'Escaut depuis Tournay jusqu'à Gand pour empescher les convois, les soldats
avoient comme toute licence, pillèrent plusieurs églises
auprès de La Bassée, et passèrent plusieurs fois bien
loin dans l'Artois jusqu'à Arras et Béthune, d'où ils
ramenèrent des grains et des fourages en très grande
quantité; et bien souvent, quand les officiers n'estoient
point présens, sous prétexte de fourage, prenoient tout
ce qu'ils pouvoient de meubles, tuoient des bestiaux,
qu'ils mettoient en pièces, et commettoient d'autres
désordres dont les généraux ne faisoient point justice.

Pendant ce siége de la citadelle de Lille, nous avons
encore esté fouragé deux diverses fois par des troupes
à la solde de la Hollande, qui nous ont enlevé tout
ce qui restoit dans nos granges, et ont pris tous les
bleds qu'ils ont trouvé dans les greniers, sur la cour,
qui appartenoient à plusieurs personnes qui les y avoient
mis; mais ils n'entrèrent point dans le cloître ni dans
la petite cour, les officiers y ayant mis bon ordre. La
veille de Saint Martin, une compagnie de cavalerie et
une d'infanterie du prince de Hesse, qui estoit logé
au château de Flers, vinrent à six heures du soir
visiter toute la maison, sous le commandement d'un
quartier-maistre général, nommé le baron Kay, lequel,
après qu'on lui eust montré le grenier au dessus du
chapitre, où estoit le reste du bled que les Hollandois
nous avoient laissé pour notre consommation, promit
de nous en laisser la moitié, et l'autre moitié il la fit
prendre et emporter par ses soldats un peu avant onze

heures de nuit, quand les religieux alloient aux matines; et puis le lendemain de grand matin, quand on
alloit à prime, il voulut voir les chambres, où il disoit
que les paysans avoient sauvé leurs grains, et n'y en
ayant point trouvé d'autres, il se retira.... [1]

[1] Le révérend père Dom Archange Cuvelier, que l'on croit être le rédac-
teur, n'y a travaillé que d'après les pièces qu'il a trouvées dans la
chartreuse, et par la tradition, comme on peut le voir dans le cours de
cet ouvrage. Il se trouvait dans le manuscrit authentique, qui a servi de
copie à l'imprimé, deux ou trois feuillets déchirés à la fin.

APPENDICE

En mil sept cens nonante-trois, vers la fin du grand siége de
Valenciennes, lorsque les acquéreurs du fond contenu dans l'enclos
des murailles iceux compris avec tous les édifices, qui étoient très
grands, solides et majestueux, sans ostentation, et étoient les mêmes
que M. Levasseur avoit fait construire, sauf un côté du quartier
des hôtes, et la grand-porte qui fut rebâtie en 1764, sur le plan
de celle de l'abbaye de Saint-Martin, à Tournay, à côté de laquelle
ont été construites des places pour faire la lessive des habillemens
et linges du dit monastère ; le terrain que contient le dit enclos est
d'environ neuf hectares ou six bonniers, et est fort bon ; lors donc
que les dits acquéreurs faisoient démolir la grande église, en faisant
dépaver vis-à-vis le maître-autel, ils savoient qu'il devoit y avoir
sous la grande pierre sépulchrale un cercueil de plomb ; ils le trouvèrent effectivement à quatre pieds et demi de profondeur dans un
petit caveau voûté en briques ; il étoit posé sur deux barres de fer
avec des supports ou étaux du même métal en forme de grands
chenets ou laudiers ; les ouvriers, en présence de quelques acquéreurs ou entrepreneurs, ayant ouvert le dit cercueil, ils y trouvèrent
un autre cercueil de bois de chêne ; ayant donc ouvert le tout, ils y
trouvèrent un crâne, un grand os humain et un corps mort revêtu
d'un suaire en forme de bonnet, et d'une chemise de fine toile très
bien conservés ; ce corps étoit celui de M. Levasseur, exactement
semblable et conforme à son portrait, dont il en existoit encore un,
c'étoit celui qui avoit été peint de son vivant, il se trouvoit sur la
cheminée de la grande salle, et très bien exécuté ; ensuite ce portrait
fut laissé à M. Simon, deuxième acquéreur, qui a permis à Dom
vicaire Lebeau, à son retour de Dulmen en Westphalie, de dire la

messe dans les restes de l'abbaye ou monastère, jusqu'à ce qu'on eut bâtie, presque vis-à-vis la grand - porte, de l'autre côté du chemin, un peu au nord, une chapelle dédiée à saint Barnabé et à sainte Marguerite; ce tableau servoit d'ornement dans la place où on disoit la messe. Ce portrait fut donné depuis par M. Loridan, troisième acquéreur, à Dom Jean-Baptiste Carpentier, actuellement (1818) dans l'hospice des prêtres infirmes, à Tournay. Le dit corps de M. Levasseur étoit comme s'il eut été vivant, il n'y avoit que la parole qui lui manquoit, il prenoit les attitudes qu'on lui donnoit; il étoit de petite taille et de bonne contenance, il avoit la barbe longue de trois lignes, les cheveux crépus et au rond, et chauve sur le haut de la tête; et lorsqu'on enfonçoit les mains sur ses joues ou autres parties du corps, tout reprenoit son attitude naturelle comme sur un corps vivant. Paul Jacques Loridan, père, fermier à la Marlaque, et quelques autres personnes qui s'y trouvoient dans ce moment là, en furent épouvantés, spécialement le dit Loridan, qui retourna aussitôt dans sa ferme tout stupéfait, et cessa d'être violent révolutionnaire, tellement qu'à sa mort, arrivée environ deux ans après, il voulut être administré des saints Sacremens par un prêtre non assermenté.

Les acquéreurs qui se trouvoient dans le monastère qu'on démolissoit pour veiller aux ouvriers à leur tour, envoyèrent chercher les autres; ayant tenu conseil entre eux, ils délibérèrent de remettre le corps de M. Levasseur dans le caveau, qu'ils couvrirent de décombres, ayant eu soin de mettre le corps seulement avec le crâne et le grand os humain, se réservant le plomb et les gros laudiers de fer.

Parmi ceux qui étoient présens à cette première exhumation se trouvoit entre autres un mauvais sujet nommé Joseph Coisne, qui avoit érigé en mauvais cabaret la maison de l'ancien charron de la Boutillerie; il a coupé le doigt de M. Levasseur, et le sang en sortit en jaillissant. Ce Coisne fut depuis décapité pour cause de vol et d'assassinat. Ce doigt fut ensuite retrouvé et transporté chez les enfans de feu Antoine Delangre, cultivateurs et voituriers, rue Dubrulle à Armentières, et ce par vénération.

Comme tout ceci faisoit du bruit, un très grand nombre de personnes venoient par dévotion à la chartreuse de la Boutillerie; les entrepreneurs gènoient l'entrée; pour lors les pèlerins faisoient leurs actes de dévotion au dehors et allumoient des chandelles le long des murailles; le nombre grossissant tous les jours, ils eurent de l'inquiétude. Au bout de huit jours, à dater de la première exhumation, la municipalité de Fleurbaix vint en corps à la Boutillerie, qui est de son ressort, suivie d'un grand concours de monde, spécialement de révolutionnaires; le curé constitutionnel étoit à leur tête, nommé Thomas Coustenoble (il s'est marié depuis, il a famille de sa seconde femme); ils avoient aussi fait venir Dom Joseph Mouton, religieux assermenté, lequel étoit sorti de son couvent longtemps avant les autres; il disoit alors la messe à trois quarts de lieue de là, au lieu nommé Petillon, qui étoit auparavant déchargé par un bénéficier. Ils espéroient tirer parti du dit Dom Joseph d'une manière conforme aux usages révolutionnaires; mais sitôt que le corps de M. Levasseur fut extrait du caveau, au milieu des décombres et couvert de poussière, Dom Joseph s'écria avec surprise et enthousiasme: « C'est notre père » fondateur; oui, c'est notre père fondateur. » Les entrepreneurs et les méchans qui s'y trouvoient le traitèrent de *fanatique*, etc.; il se glissa derrière la foule et prit la fuite; quelque temps après il fut mis en arrestation, et ensuite il fut relâché et exerça quelques fonctions ecclésiastiques dans un village proche de Béthune, où il est mort très pauvre. Dom Joseph reconnut avec d'autant plus de facilité M. Levasseur, qu'il avoit souvent vu son portrait et savoit que l'endroit d'où on l'avoit exhumé étoit celui où avoit été autrefois mis M. Levasseur, car il étoit défendu à tout religieux de passer sur la pierre sépulchrale, et ce par respect pour le fondateur. Quant au curé constitutionnel, il étoit comme bègue et borgne. Enfin la municipalité le fit un peu parler, et dit que « il convenoit de mettre » ce corps mort dans le cimetière de Fleurbaix, et de faire ce » qu'on faisoit ordinairement pour les autres. » On consulta les méchans, qu'on appeloit dans ce temps là le peuple; ils s'y refusèrent en ajoutant des propos que tout homme chez qui il reste un peu de religion n'oseroit écrire. Un des plus hardis à vomir des blasphèmes étoit un nommé Houssain, cordonnier de profession, devenu officier municipal, et qui dans ce temps-là alloit dans l'enclos et le long des murailles vomir des injures contre ceux qui venoient à la Boutillerie par dévotion; ce malheureux avoit reçu, avant la révolution, beaucoup de bienfaits du monastère de la Boutillerie; il est mort à Fromelles, en 1815, fort pauvre, détesté de tout le monde, même de ceux qui ont été révolutionnaires; il n'a point reçu les derniers sacremens. On a pu voir assez visiblement que la malédiction de

Dieu étoit tombée sur lui et sur son fils, trépassé quelques années auparavant, à cause des crimes et impiétés qu'ils ont commis l'un et l'autre.

Après cette descente de la municipalité, le corps de M. Levasseur resta étendu dans l'église, et quelques jours après sont venus deux chirurgiens appartenant à l'armée, et qui avoient leur quartier à Armentières dans ce temps-là; ils mirent le corps de M. Levasseur sur une chaise, où il avoit l'attitude d'un homme vivant. Ainsi me l'a attesté Pierre d'Hennin, cultivateur et doreur à Fromelles, qui s'y trouvoit dans ce moment là, ainsi que plusieurs autres. Ces deux chirurgiens lavèrent avec de la liqueur qu'ils avoient dans un flacon le visage et le corps du dit M. Levasseur, ils lui mirent une chemise neuve et un bonnet blanc, qu'ils assujettirent sur sa tête avec un ruban tricolore, et partirent ensuite sans dire le sujet de leur démarche.

Le bonnet en forme de suaire qui se trouvoit sur la tête de M. Levasseur, lors de sa première exhumation, se trouve, à ce que m'a dit frère Jean-Baptiste Desreumaux, chez les demoiselles Joire, marchandes proche la place à Armentières; les dites demoiselles furent et sont d'autant plus zélées que leur père fut décapité, victime de la révolution, en 1793 ou au commencement de 1794, à Paris avec MM. Delettrez, Clarisse et Malingiez.

Tandis que tout ceci se passoit, le nombre de chrétiens zélés venoit à la chartreuse en plus grande quantité, où ils allumoient beaucoup de chandelles et faisoient leurs prières, ce qui donnoit encore beaucoup d'inquiétude aux acquéreurs et aux autorités, qui firent venir un chirurgien, nommé Degland, qu'ils savoient bien connoître le peuple de cet endroit, vu qu'il avoit exercé autrefois son art dans un hameau du voisinage, nommé le Bois-Grenier, où il étoit considéré, et son épouse est de cet endroit; on avoit laissé entrer sans difficulté ni insulte ceux qui s'y sont présentés. Il fit l'ouverture du corps de M. Levasseur, d'où il sortit du sang avec affluence, de couleur rouge foncé, et se mit à tenir des propos prétendus philosophiques, que contraria avec fermeté M. Cornat, chirurgien à Aubers, il soutenait avec hardiesse que « un corps embaumé » ne pouvoit fournir du sang jaillissant et aussi naturel que celui-là. » L'opération qu'il fit, fut d'ouvrir son corps et d'en prendre le cœur avec lui, et il laissa le cadavre étendu dans l'église, espérant une prochaine corruption, d'autant plus que c'étoit l'été, vers la fin de juin ; le cadavre, ou plutôt le corps de M. Levasseur, resta ainsi étendu dans l'église pendant neuf ou dix jours sans se corrompre [1].

Pour revenir à M. Degland, étant de retour à Lille, il rendit à quelques amis témoignage à la vérité, et leur ayant déclaré qu'il avoit ouvert le corps d'un saint, il fut dénoncé au club, et pour se soustraire aux inconvéniens qui pouvoient en résulter dans ces fâcheux momens, il signa un procès verbal tel qu'on lui présenta alors. Ainsi me l'a déclaré Pierre Vermeesch, en 1817, lequel je crois très digne de foi.

Deux jours avant qu'on l'eut transporté à Lille, vinrent quelques femmes ou filles en voitures, que le public croit avoir été des religieuses supprimées, et elles le revêtirent de nouveau de linges très fins, et sont parties aussitôt après.

Dans ces derniers temps de la deuxième exhumation, les bons chrétiens, bravant les clameurs et menaces des révolutionnaires, venoient en foule de toute part et avec dévotion, entroient dans l'enclos et allumoient de jour en jour une quantité plus prodigieuse de chandelles.

Les grands révolutionnaires, particulièrement les acquéreurs Dissaux, Dubois, Verdiere, Briai, Vanabelle [2] et Tréhon, étoient furieux; Warhusel et Sauvage étoient tombés dans une espèce de folie.

Les autorités supérieures de Béthune et de Lille, agissant de concert, envoyèrent quelques compagnies de soldats, tant cavaliers que piétons, qui firent mettre le corps de M. Levasseur dans un cercueil de bois que Joseph Hallot, qu'on avoit pressé de travailler, avoit malheureusement fait un peu trop petit, de manière qu'il fallut l'y enfoncer avec les linges très fins dont il avoit été revêtu, comme je l'ai dit, quelques jours auparavant; le cercueil qui contenoit le corps de M. Levasseur fut conduit à Lille et enterré dans le cimetière Sainte-Catherine [3].

Il est à observer que la plupart de ces soldats firent en arrivant toucher leurs sabres au corps de M. Levasseur dans l'intention d'être préservés des malheurs de la guerre, et plusieurs d'entre eux ont écrit ensuite au pays que rien de malheureux ne leur étoit arrivé,

---

[1] Ceci doit s'entendre depuis sa deuxième exhumation.

[2] Vanabelle, natif do Bourbourg, avoit épousé une fille d'un cabaretier, de Fleurbaix, nommée Ghesquière.

[3] Aujourd'hui maison des Filles de la Sagesse, qui dirigent un asile et une école de jeunes filles pauvres, rue Sainte-Catherine.

ayant eu en vue dans les plus grands dangers le corps auquel ils avoient fait toucher leurs sabres. Le grand nombre de ces soldats avoit été forcé de servir à la guerre. On observe qu'on n'en a entendu qu'un seul tenir quelques mauvais propos, soit lorsqu'ils étoient à la Boutillerie, soit en escortant le corps de M. Levasseur lorsqu'on le conduisoit à Lille.

Pierre Vermeesch, ici soussigné, avoit un morceau de linge qui couvroit le corps de M. Levasseur lors de sa première exhumation, lequel étoit naturel et bien conservé; feue sa mère ayant donné une veste à un pauvre dans laquelle il se trouvoit, ce morceau de linge fut égaré, il le regrette beaucoup. Feu son père, meunier de la Boutillerie, ayant été requis de conduire de la chartreuse à Lille sa voiture chargée, ne sachant point ce qu'il conduisoit; étant arrivé à Lille, il a vu qu'il avoit conduit, entre autres choses, le cercueil de plomb qui contenoit auparavant le corps de M. Levasseur; il en étoit attristé, sachant bien que c'étoit pour le fondre et satisfaire la cupidité des entrepreneurs; pour se consoler, il fit si bien son compte, qu'il en coupa un morceau qu'il eut grand soin de rapporter chez lui; j'en ai obtenu une partie.

Un jeune homme en s'émigrant passa par la Boutillerie pour y voir le corps de M. Levasseur, et ramassa un morceau de chair provenant du corps de M. Levasseur; à son arrivée à Rousselaer, il fit rencontre de frère Jean-Baptiste Desrumeaux, à qui il le donna; on voyoit encore sur ce petit morceau les pores par lesquels le sang avoit passé, et étoit fort naturel, ainsi que l'a déclaré le dit frère; il l'a conservé plusieurs mois sans corruption; il l'a égaré parce qu'il fut obligé de fuir dans un moment très malheureux abandonnant le vêtement dans lequel il se trouvoit. Le dit frère Jean-Baptiste me l'a attesté vers la fin d'avril 1818, en présence de Dom Paul Lebeau et de Pierre Vermeesch. Ce petit morceau de chair provenoit de là jambe du dit Levasseur, à ce qu'il croyoit. Le dit jour, 23 avril 1818, le dit frère m'a aussi dit, en présence des mêmes personnes, qu'à son retour d'Allemagne il avoit parlé à M. Delassus, ancien médecin de la chartreuse de la Boutillerie, lequel lui a déclaré que le corps de M. Levasseur était sain, flexible et fort naturel, et sans aucune corruption, sauf les parties de la génération. Le dit Delassus avoit fait le voyage de la Boutillerie uniquement pour en juger par ses propres yeux. Ce M. Delassus étoit un savant médecin, mais pas trop chrétien et peu crédule.

Je n'ai point pu étendre davantage ce qui s'est passé à cette grande occasion ; j'étois alors en pays étranger où j'ai appris en partie cette célèbre exhumation ; et dans les environs de la Boutillerie personne n'a écrit cet évènement et ses circonstances, il a fallu que je consultasse des témoins dignes de foi, et dont la plupart ne savent point écrire, l'éducation étant fort négligée ; cependant un très grand nombre se ressouviennent et se ressouviendront toujours de cette mémorable exhumation dont beaucoup de particuliers parlent souvent.

Je n'ai point interrogé ceux qui ont été violens révolutionnaires, pour ne point entendre de blasphêmes ; j'ai recherché autant que possible les bons chrétiens, judicieux et réfléchis ; je n'ai pas consulté de femmes ni de filles.

J'ai interrogé sur cette importante affaire un grand nombre de particuliers, et presque tous m'ont déclaré que le corps de M. Levasseur n'avoit aucune mauvaise odeur ; je dois excepter Jean-Baptiste Messéant, charron de la Boutillerie, lequel m'a dit que le corps de M. Levasseur sentoit mauvais quand il a été mis dans le cercueil, vu que c'étoit lui qui l'y avoit posé et cloué, et que cependant tout considéré il y avoit quelque chose d'extraordinaire et de merveilleux. Il est à remarquer que le dit Messéant a été partisan de la révolution : il a aussi trouvé quelque chose de particulier et de frappant dans les malheurs et traverses de la vie humaine, arrivés aux acquéreurs qui ont démoli la chartreuse de Notre-Dame des Douleurs. Le dit charron convient aussi que le sang de M. Levasseur étoit encore dans ce moment là coulant et non coagulé, mais d'un rouge brun et foncé.

La plupart de ceux que j'ai consultés l'ont embrassé et n'ont rien senti de mauvais. Michel Glorian, peintre à Fromelles, m'a déclaré avoir embrassé M. Levasseur, après qu'on l'eut retiré de dessous les décombres, où il avoit été mutilé, etc. ; je lui ai demandé s'il sentoit mauvais ; il m'a répondu qu'oui, mais qu'il croyoit que cela provenoit des décombres et bois pouris qui s'y trouvoient auprès.

Après cette célèbre translation, les entrepreneurs continuèrent à démolir la chartreuse, et firent encaver du vin par tonneaux dans le nouveau quartier des hôtes, et ils y burent avec excès, ainsi que les révolutionnaires, qui étoient leurs amis. Indépendamment de leurs libéralités, le prix des matériaux provenant des démolitions diminua beaucoup, parce que bien des gens qui en avoient acheté auparavant n'en voulurent plus acheter, tant la présence de M. Levasseur les avoit frappés; ce qui diminua encore le profit qu'ils espéraient en tirer, ce furent leurs excès et débauches, qui en outre attirèrent des infirmités à plusieurs d'entre eux; et la plupart de ces furieux destructeurs furent après leur prétendu triomphe particulièrement exposés aux malheurs et disgraces de ce monde, et ce d'une manière bien triste.

Après que la majorité des édifices de la dite chartreuse furent démolis, les dits acquéreurs revendirent l'enclos avec les deux tiers du quartier des hôtes et la grande porte à un nommé Simon, qui y perdoit du sien dans cette exploitation; il l'a revendu ensuite à un nommé Denys Loridan, qui fit démolir entièrement le quartier des hôtes, a fait bâtir un autre quartier assez beau contre la grand-porte, et a fait baisser les murailles de l'enclos de deux pieds; il a mis presque tout le fond en pâturage.

Beaucoup de particuliers des environs de la Boutillerie, croient qu'il y a encore dans l'ancien cimetière de la chartreuse quelques corps saints.

Pour revenir à cette triste et d'ailleurs très mémorable exhumation, elle dura à la Boutillerie dix-huit jours en tout, y compris les sept jours qu'il a été rejeté (M. Levasseur) dans le caveau, sous des décombres, et ce d'une manière vraiment barbare et affreuse; avant qu'il fut mis sous les décombres, et après qu'il fut exhumé une deuxième fois, furent faites diverses mutilations, que des gens tant soit peu humains ne feroient pas sur le corps d'un individu quel qu'il pourroit être.

J'ai achevé le présent Mémoire aujourd'hui 16 juin 1818.

Augustin Joseph BOURGEOIS, Prêtre.

NOMS DU FONDATEUR ET DES RELIGIEUX

DE LA CHARTREUSE DE LA BOUTILLERIE DE FLEURBAIX

D. Joannes *Levasseur*, Insulensis, cartusiam in Domino suo *de la Boutillerie*, sub invocatione B. Mariæ de Doloribus, fundavit et dotavit, anno 1618. Obiit 19 aprilis 1644, ætatis 73.

D. Joannes *de Meldeman*, Namurcensis, prof. cartusiæ per cartam cap. gen., à 1641 institutus prior primus hujus domus. Obiit 28 dec. 1660, cum laudabiliter annos vixisset 60 in ordine, et fere 20 huic domui præfuisset.

D. Dyonisius *Dufay*, Tornacensis, prof. cart. per cartam cap. gen. 1645; missus primus vicarius hujus domus. Obiit 1659 cum esset ætatis 56 aut circiter.

D. Dyonisius Drogo *Delecourt*, ex *Camphin*, primus in hac domo professionem fecit 2 febr. 1656, post procurationem laudabiliter administratam annis 30. Obiit 24 maii 1699, ætatis 70.

D. Paulus *de Clety*, ex *Fauquembergue*, prof. 20 augusti 1657. Obiit 16 septemb. 1704, cum esset ætatis 86 circiter, et officiis vicarii procuratoris et sacristæ aliquandiù perfunctus fuisset.

D. Antonius *Rogeau*, ex *Calonne-Ricouart*, prof. 17 sept. 1657, à conventualibus electus secundus prior hujus domus initio febr. anni 1661. Laudabiliter ei præfuit annis 28. Obiit 29 januar. 1689, ætatis 75. Fuerat antea parochus sæcularis.

D. Augustinus *Deletour*, Valencenensis, prof. die 10 aug. 1658. Obiit octob. 1725, cum esset ætatis 88 et aliquorum mensium, et officiis vicarii et sacristæ aliquot annis functus esset.

D. Hugo *Toudreau*, ex *Anthoing* prope Tornacum, prof. 24 febr. 1661. Obiit coadjutor in domo monialium *Gosnay*, 28 febr. 1677, cum esset ætatis 40 aut circiter.

D. Josephus *Draghnet*, Binchiensis, prof. 8 sept. 1661. Obiit 28 decembr., cum esset ætatis 70, et exercuisset officium vic. in domo monialium *Gosnay*, 6 annis.

D. Anthelmus *Ruyaut*, ex *Gondecourt*, 8 sept. 1661. Obiit 16 febr. 1708, cum ætatis esset 70.

D. Carolus *Brullaut*, ex *Neuville*, propè Buccinium, prof. 13 febr. 1662. Obiit 19 junii 1705, cum esset ætatis 73 aut 74 annorum.

D. Joannes *Baillet*, Insulensis, prof. 20 maii 1663. Obiit coadjutor in domo monialium *Gosnay*, 25 jul. anno 1670, cum esset 36 aut circiter.

D. Michael Archangelus *Cuvelier*, ex *Wicres*, prof. 24 junii 1664. Exercuit officium vicarii in hac domo et in domo monialium *Gosnay* coadjutoris et procuratoris ; electus est à conventualibus 27 jan. tertius prior hujus, et accepit sedem prioris 21 febr. 1689, quam 30 annis laudabiliter occupavit. Obiit visitator provinciæ 1728, ætatis 86. Redegit vitam D. Levasseur.

D. Ferdinandus *de Fourmestraux*, Insulensis, prof. 6 julii 1664. Obiit 15 jan. anni 1732, ætatis 91.

D. Martinus *Coemans*, ex *Ham-sur-Eure*, ex diœcesi Leodiensi prof. 30 nov. 1665. Obiit 2 nov. anni 1699, ætatis 57.

D. Bruno *Fauquembergue*, ex *Calonne* ad Lysam, prof. 26 april. 1666. Obiit 26 jan. 1709, cum esset ætatis ferè 69, et exercuisset officium sacristæ in hac domo annis 21.

D. Joannes Baptista *Blomme*, Insulensis, prof. 25 jan. 1672. Obiit 7 sept. 1723, cum esset annorum 73.

D. Antonius *de Haze*, Cominiensis, prof. 24 april. 1672. Obiit 3 decemb. 1713, in domo duacensi in qua prioratum egit annis 20, cum esset ætatis 62.

D. Nicolaus *Ducarin*, ex *Housdin*, prof. 18 jun. 1673. Obiit 22 april. 1716, cum esset ætatis 68, et officium sacristæ exercuisset 8 annis in hac domo.

D. Franciscus *Houseau*, Duacensis, prof. 15 april. 1674. Obiit procurator in domo monialium *Gosnay* 14 sept. 1693, cum esset ætatis 72 et anteà officium vicarii in hac domo annis 14 exercuisset.

D. Andreas *Taisne*, ex *Aneu*, in Cameracesio prof. 16 maii 1680. Obiit 6 jul. 1745, cum esset ætatis 89 circiter. Obiit subitanea morte prope domum redeundo à spatiamento.

D. Lambertus *Blave*, ex *Corbehem*, propè Duacum, prof. 17 sept. 1680. Obiit procurator in domo duacensi 18 decemb. 1716, cum esset ætatis 62 aut circiter.

D. Theodorus *Doudenarde*, ex *Helem* propè Insulas, prof. 8 dec.

1681. Obiit 23 aprilis 1742, cum esset annorum 81 aut circiter.

D. Hugo *Ellieul*, Belliolanus, prof. 19 april. 1682. Obiit 9 nov. 1724, cum esset annorum 65, et officia vicarii et procuratoris aliquandiu laudabiliter in hâc domo exercuisset.

D. Petrus *Dedourge*, ex *Carvin-Epinoy*, prof. 25 aprilis 1689. Obiit 21 sept. 1721, cum esset annorum 54 aut 55.

D. Ludovicus *Roussel*, ex *La Gorgue*, prof. 31 maii 1693. Obiit 17 maii 1720, cum esset annorum 59, et exercuisset officium procuratoris fere 10 annis.

D. Basilius *Denneulin*, Insulensis, 17 jan. 1700. Obiit 5 sept. 1720, cum esset annorum fere 44.

D. Benedictus *Hulleu*, ex *La Buissières* propè *Gosnay*, prof. 7 feb. 1700. Obiit 21 jan. 1755.

D. Bernardus *Treneau*, Atrebatensis, prof. 7 martii 1700. Obiit 13 feb. 1718, cum esset annorum 43 cum dimidio.

D. Antonius *Maës*, Lilleriensis, prof. 6 aug. 1701. Fuit vic. et procurator in hâc domo, posteà prior Duaci, deindè hujus domûs per electionem et convisitator prov. Obiit 17 nov. 1743.

D. Josephus *Cuvelier*, ex *Richebourg*, prof. 22 martii 1702. Obiit 14 sept. 1751.

D. Hubertus *Delcambre*, ex *Camphin* juxtà Seclinium, prof. 30 nov. 1705, sacrista, vicarius, procurator hujus domûs et prior domûs Duacensis.

D. Josephus *Ledoux*, ex *Ecques*, in diœcesi Audomarensi prof. 25 jan. 1711. Obiit 12 julii 1754.

D. Jacobus *Petit*, Audomarensis, prof. 21 nov. 1711. Obiit 17 augusti 1766.

D. Agapitus *Harveng*, ex *Mairieux* propè Alalodium, prof. 24 junii 1714, vic. procurator hujus domûs, prior domûs Audomarensis per electionem et per cartam cap. gen. anno 1743, institutus prior hujus domûs. Obiit 30 nov. 1767, canerius hujus domûs.

D. Engenius *Paien*, Leudiensis in Artesiâ, prof. 2 aug. 1716. Obiit 29 jan. 1758.

D. Bruno *Gorlier*, Atrebatensis, prof. 11 jul. 1717. Obiit 3 feb. 1762.

D. Norbertus *Moreau*, ex *Feignies* propè Malbodium, prof. 18 julii 1717, coadjutor monialium *Gosnay*, procurator hujus domûs et per cartam cap. gen. 1743, institutus prior domûs Audomarensis. Obiit coadjutor hujus domûs 18 april. 1768.

D. Godefridus *Marchant*, ex *Feignies* propè Malbodium, prof. 11 nov. 1720, vicarius et procurator per cartam anni 1743, post hæc prior domûs Tornacensis per cartam anni 1746. Obiit 30 octob. 1775, correrius hujus domûs.

D. Dionisyus *Lausaert*, Atrebatensis, prof. 3 maii 1721, vicarius per cartam anni 1746. Obiit 10 novem. 1759.

D. Franciscus *Robelin*, ex *Fampoux* propè Atrebatum, prof. 3 maii 1721, coadjutor Duaci, posteà vicarius hujus domûs per cartam anni 1746. Obiit 6 maii 1760.

D. Authelmus *Camelot*, ex *Rouvroy* propè Leudium, prof. 17 maii 1722, sacrista per cartam anni 1733. Obiit 14 martii 1767.

D. Antonius *Dumetz*, ex *Wavrin*, prof. 13 dec. 1722. Obiit sacrista 12 aprilis 1739.

D. Franciscus *Franquet*, ex *Genech*, prof. 13 dec. 1722. Obiit 11 feb. 1732.

D. Joannes Josephus *Duverlié*, Belliolanus, prof. 2 maii 1723, procurator domûs Duacensis. Obiit 31 maii 1759.

D. Petrus *Peuchelle*, ex *La Ventie*, prof. 15 aprilis 1725. Obiit 27 jan. 1778. Officiis sacristæ et procuratoris perfunctus. Obiit secundus coadjutor hujus domûs.

D. Ludovicus *Deligne*, Insulensis, prof. 15 april. Obiit 14 jan. 1775.

D. Augustinus *Hochart*, ex *Gouy*-Terna, prof. 24 junii 1726. Obiit 28 julii 1775.

D. Ignatius *de Roulers*, ex *Lommes*, prof. 29 dec. 1726. Obiit 1772.

D. Hyacinthus *Lambert*, ex *La Ventie*, prof. 22 maii 1727. Obiit 13 oct 1751. Ibi adest alia scriptura in manuscripto.

D. Michael Archangelus *François*, ex *Hacquenie*, prof. 12 octob. 1727. Obiit 16 maii 1759.

D. Hugo *Collette*, ex *Phalempin*, prof. 5 aprilis 1728. Obiit 6 martii 1777.

D. Drogo *Rivelois*, ex *Epinois*, prof. 25 martii 1733. Obiit 14 decembris 1766.

D. Leonardus *Scolaster*, Tornacensis, prof. 24 junii 1739. Obiit 7 maii 1770.

D. Arsenius *Delaval*, Armenterianus, prof. 24 martii 1741. Obiit 2 feb. 1750.

D. Nicolaus *Peucelles*, ex *Mouveaux*, prof. 8 nov. 1741. Obiit prior Monsteroli 7 aug. 1767.

D. Bernardus *Degruson*, Armenterianus, prof. 29 martii 1750, electus est in priorem hujus nostræ domûs 3 nov. 1765 et post aliquos annos successive convisitator et visitator designatus. Obiit in Domino Armenteriæ versus 1807.

D. Marcus *Mulet*, ex *La Buissière*, prof. 2 aprilis 1752.

D. Gabriel *Heu*, Duacenus, prof. 26 martii 1756. Vir bonus et valde civilis et christianus, versus 1791 obiit.

D. Eligius *Marion*, Bethuneus, prof. 26 martii 1755. Obiit captivus Attrebati tempore revolutionis.

D. Ferdinandus *Pinquet*, ex *Rache*, prof. 9 junii 1755. Mortuus Bethuniæ versùs 1795 post suam captivitatem Attrebati.

D. Benedictus *Lechon*, Bethunæus, prof. 26 nov. 1758. Obiit in Germaniâ, anno 1788. Erat prior Duaci.

D. Carolus *Weuque*, ex *Quesnoy Insulensi*, professus 15 junii 1760. Mortuus est Cameraci versùs 1805.

D. Joannes Baptista *Carpentier*, Bethuneus, prof. 27 sept 1761, nunc (1817) adhûc vivens parochus propè Lutosam in diœcesi Tornacensi, et nunc 1818 in hospitio sacerdotum infirmorum Tornaci.

D. Leopoldus *Risbourg*, Castro-Cameras, prof. 6 junii 1762. Obiit Castro-Cameraci, vel propè hanc civitatem, versùs 1821.

D. Bruno *Despretz*, Bethuneus, prof. 1 maii 1762. Obiit propè Bethunam versùs annum 1801, paululum antè revolutionem erat procurator cartusiæ Duacensis.

D. Josephus *Mouton*, Bethuneus, prof. 29 sept. 1763. Obiit in aliquo pago, propè Bethuneam civitatem, versùs annum 1798.

D. Seraphinus *Demarquoy*, Ariensis, prof. 13 octob. 1765. Mortuus est Ariæ versùs 1816, fuit suo tempore Atrebati captivus.

D. Franciscus *Beny*, ex *Watrelos*, prof. 5 martii 1769. Mortuus est in oppido *Rousselaer* in Belgio versùs 1794.

D. Bernardus *Delrue*, Duacenus, prof. 17 sept. 1769 Fuit apostata antè tempus revolutionis et eo tempore matrimonio junctus.

D. Paulus *Lebeau*, ex *Cartignies*, prof. 17 sept. 1769. Nunc manens in vico *de la Boutillerie*, ubi erexit capellam cum auxilio quorumdam habitantium et propè portam adhûc existentem sui monasterii sub invocationem sancti Barnabæ vici patroni atque etiam sub invocatione sanctæ Margaritæ.

D. Ambrosius *Dupuis*, ex *Minc* in Artesiâ, prof. 10 feb. 1771. Obiit in suâ patriâ circiter sex annis post reditum ex Germaniâ.

D. Andreas *Desmydt*, ex *Watten*, prof. 5 april. 1772. Obiit vicarius in *Renescure* 1 april. 1821. Fuit optimus vir.

D. Amandus *de Sylva*, Amandinus, prof. 6 oct. 1772. Mortuus est in diœcesi Tornacensi versùs 1816.

D. Antonius *Pauchant*, Stegrensis, prof. 27 jan. 1774. Obiit Insulis versùs annum 1800, ubi christianè retractavit suos errores tempore revolutionis. Suam retractationem subscriptam recepit D. *Grimbel* suo tempore capellanus in *Quesnoy Insulensi*, posteà canonicus ecclesiæ cathedralis Tornacensis et seminarii episcopalis præses.

D. Anthelmus *Godart*, Atrebatensis, prof. 15 augusti 1775.

D. Ludovicus *Bouche*, Turcundiensis, prof. 1 nov. 1776. Mortuus est in suâ patriâ versùs annum 1811.

D. Joachim *Navez*, Cameras, prof. 1 nov. 1777. Mortuus versùs 1787 in *Boutillerie*.

D. Telesphorus *Tourtois*, ex vico *Oppy* Duacum inter et Atrebatum oriundus, prof. 26 julii 1778. Mortuus est in suâ patriâ versùs 1800.

D. Augustinus *Furne*, ex *Frévent*, prof. 25 april. 1779. Obiit Ariæ versùs annum 1815.

D. Petrus *Flament*, ex *Fruges*, prof. 3 junii 1779. Obiit vicarius in *La Ventie* versùs annum 1815. Suo tempore vice sacristanus. Optimus vir.

D. Martinus *Herman*, ex *Arleux* in *Gohelle*, nunc pastor in *Acheville*, professus suo tempore versùs annum 1782. Vir bonus et sincerus.

D. Dominicus *Dubois*, ex *Steenwerck*, professus versùs annum 1788. Nunc capellanus Dunkercæ. Ibidem defunctus versùs finem anni 1819. Fuit valdè additus ordini cartusianorum : valdè tristis propter revolutionem et calamitates suæ familiæ christianæ.

NUNC SEQUUNTUR NOMINA FRATRUM.

F. Martinus *Tireux*, Stegrensis, fecit donationem suam 24 junii 1718. Obiit 3 sept. 1743.

F. Josephus *Dauwe*, ex *Ennetières*, fecit donationem suam 6 octob. 1727. Obiit 28 julii 1770.

F. Bruno *Scoutelen*, ex *Warneton*, fecit donationem suam. Obiit 19 nov. ætatis suæ 32.

F. Joannes Baptista *Tesrenne*, fecit donationem suam 21 nov. 1748. Obiit 5 nov. 1769.

F. Petrus *Duchatelet*, ex *Maisnil en Weppes*, fecit donationem suam 25 dec. 1770. Mortuus est versùs 1780.

F. Jacobus *Bigour*, ex *Queck* in *Boulnois*, fecit donationem suam 21 nov. 1755. Obiit versùs annum 1793. Erat vir optimus.

F. Bruno *Delcourt*, fecit donationem suam 25 martii 1762.

F. Stephanus *Martin*, Audomarensis, fecit suam donationem 25 dec. 1774. Recessit ab ordine 10 sept. 1782.

F. Theodorus *Jaquart*, fecit donationem suam 2 julii 1775. Mortuus est versùs 1793 in suâ patriâ *Camphin*.

F. Joannes Baptista *Desreumaux*, ex *Frélinghem*, fecit donationem suam 25 dec. 1777 ; a suo reditu ex Germaniâ manet Armenteriæ, ubi vitam gerit benè christianam. Ibìque defunctus est 29 junii 1823. Erat verus christianus.

FIN

LILLE, TYP. L. LEFORT. 1854.

TABLE DES MATIÈRES

FIN DE LA TABLE.

www.ingramcontent.com/pod-product-compliance
Lightning Source LLC
Chambersburg PA
CBHW072037080426
42733CB00010B/1921